_____ 님께

이 책을 드립니다.

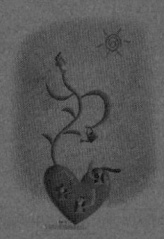

_____ 드림

전략의 달인
제갈량

지혜의 샘 시리즈 36

전략의 달인 제갈량

김영진 엮음

매월당
MAEWOLDANG

이끄는 말

제갈량은 삼국시대에 걸출한 정치가이자 군사책략가이다. 일찍이 등현 융중(지금의 하남성 남양)에 은거하였고 와룡臥龍으로 불렸다. 유비는 서서徐庶로부터 제갈량이 천하의 기재奇才라는 소문을 듣고 마침내 삼고초려三顧草廬 끝에 그를 자신의 책사로 삼을 수 있었다.

이때 제갈량은 유비에게 천하의 형세를 설명하면서 형주荊州(지금의 호남성과 호북성)와 익주益州(지금의 사천성)를 취할 것을 제의하였고, 밖으로 손권과 동맹을 맺고 안으로 정치를 혁신하여 역량을 쌓아서 조건이 성숙해지면 중원 천하를 통일할 것을 건의했다. 이것이 저명한 《융주대隆中對》이다. 이때부터 유비와는 수

어지교水魚之交 같은 사이가 되어 평생 한실漢室의 중흥을 위해 앞장서게 되었다.

유비가 제갈량의 책략을 받아들여 촉한蜀漢을 세우고, 제갈량을 승상으로 삼았다. 제갈량은 승상이 된 후에 나라를 잘 다스릴 방법을 강구하였고 상벌을 분명히 하였으며 잘못된 정치를 혁신해 나갔다. 둔전을 실시하고 생산의 발전을 추구하였으며 서남 각 민족을 정벌하고 그들과의 관계를 우호적으로 만들었으며 또한 동오東吳와 연합하여 위魏나라에 대항하는 전략을 실행하였다.

그리고 유비가 죽고 유선이 등극하자 《출사표出師表》를 올리고 여섯 차례의 북벌을 통하여 중원 통일을 도모했는데, 시기를 잘못 만나 대업을 완성하지는 못하고 오장원五丈原에서 병사하고 말았다. 하지만 나라를 위하여 혼신의 힘을 다 바쳐 죽을 때까지 그치지 않았던 그의 충정과 의리는 천하의 영웅호걸과 백성들을 감동시켰다. 당나라의 시성詩聖인 두보의 《촉상蜀相》에는 제갈량에 대해 이렇게 읊고 있다.

승상의 사당을 어디 가서 찾으리오,
금관성 밖 측백나무 우거진 곳이라네.
섬돌에 비친 풀빛은 봄기운 가득하고,
나뭇잎 사이로 꾀꼬리 울음소리는 속절없이 곱다네.
선주의 삼고초려로 천하삼분의 계책을 내놓더니,
2대에 걸쳐 늙은 신하의 일편단심 바쳤다네.
군사를 내어 뜻 이루지 못하고 자신이 먼저 죽었나니,
길이 천하영웅들의 옷깃을 눈물로 적시누나.

제갈량은 생전에 무향후武鄕侯, 사후에 충무후忠武侯로 봉해졌다. 그 후에 동진東晉 정권에서도 제갈량의 군사 재능을 추숭하여 그를 특별히 무흥왕武興王으로 추봉했고, 역대 정권에서 그의 사당을 만들어 수많은 사람들의 존경과 숭상받는 인물로 떠받들어졌다.

근대의 저명한 학자인 정진탁鄭振鐸도 "《삼국지연의》가 비록 삼국의 고사를 서술하고 있으나, 사실은 한 권의 제갈공명의 전기에 불과하다."라고 단언하기도 했는데, 이는 삼국의 고사가 제갈량의 등장으로 본격화되고 그의 죽음으로 끝난 것이나 마찬가지였기 때문일 것이다.

제갈량에 관한 전기와 저서로 진수陳壽의 《삼국지》 <제갈량전> 속에 《제갈량집》 24권, 총 10만 4천1백12자가 있었다고 전해진다. 또 수당隋唐시대부터 명청明淸시대에 이르기까지 여러 종의 판본이 나왔는데, 예컨대 《수서》 <경적지>에 《제갈량집》 25권, 《구당서》 <경적지>와 《신당서》 <예문지>에 《제갈집》 24권이 기록되어 있고, 《송사》 <예문지>에 《제갈량집》 14권이 수록되어 있다. 그리고 명나라 왕사기가 편찬한 《무후전서武侯全書》 20권, 양시위가 편찬한 《제갈충무전서諸葛忠武全書》 10권, 청나라 장주가 편찬한 《제갈충무후문집諸葛忠武侯文集》 등이 있다. 또 송대 이래로 병가兵家의 책 중에 제갈량의 이름을 의탁한 각종 병법서 20여 종이 전해지고 있다.

이 책에서는 가장 역사적인 사실에 부합하는 진수의 《삼국지》 <제갈량전>의 본문을 소개하고 보충설명을 더했으며 또 제갈량의 병법에 관한 《심서》 50편과 연표를 수록했다. 그리고 본문에 수록된 삽화는

《역대고인상찬歷代古人像贊》, 청나라 강희 연간에 이립옹비열李笠翁批閱《삼국지三國志》, 청나라 강희 연간에 이탁오선생비평李卓吾先生批評《삼국지》, 광서 25년에 상해문익서국에서 출판된《삼국지연의전도三國志演義全圖》,《마태화보馬駘畫寶》등의 고서에서 가려 뽑아 수록했음을 밝힌다.

차례

이끄는 말 *4*

제1장 제갈량의 일대기

1. 어려운 가정형편 속에서도 청운의 꿈을 품다 *14*
2. 유비의 삼고초려에 감동하여
   천하 삼분지계를 제시하다 *21*
3. 유기에게 대책을 일러주고, 서서는 조조에게 가다 *34*
4. 손권과 연합하여 적벽대전을 승리로 이끌다 *44*
5. 유비를 황제로 추대하고 승상이 되다 *55*
6. 유비, 임종 전에 제갈량을 불러 후일을 부탁하다 *62*
7. 남방을 평정하고 출사표를 올리고 북벌에 나서다 *68*
8. 눈물을 머금고 명령을 어긴 장수 마속을 죽이다 *82*
9. 위나라 장수 장합을 죽이고,
   과로로 오장원에서 세상을 떠나다 *90*
10. 유선의 조서와 제갈량의 표문 *99*
11. 제갈량이 만든 비밀 병기와 팔진도, 남긴 문집 *105*

12. 제갈량의 업적 *118*

13. 제갈량의 친척과 후손 *132*

14. 제갈량 평론 *146*

제2장 제갈량 《심서心書》

1. 병권兵權 - 병권이란 *173*

2. 축악逐惡 - 악을 축출하라 *175*

3. 지인知人 - 사람됨을 알라 *176*

4. 장재將材 - 장수의 재질 *178*

5. 장기將器 - 장수의 기량 *180*

6. 장폐將弊 - 장수의 폐단 *182*

7. 장지將志 - 장수의 포부 *183*

8. 장선將善 - 유능한 장수 *184*

9. 장강將剛 - 장수의 강직 *185*

10. 장교將驕 - 장수의 교만 *186*

11. 장강將强 - 강한 장수 *187*

12. 출사出師 - 출진하는 장수 *188*

13. 택재擇材 - 인재 선택 *191*

14. 지용智用 - 지혜의 운용 *193*

15. 부진不陣 - 병진의 불용 *194*

16. 장계將誡 - 장수의 계명 *197*

17. 계비戒備 - 경계와 대비 *200*

18. 습련習練 - 훈련 *202*

19. 군두軍蠧 - 군대를 좀먹는 행위 *204*

20. 복심腹心 - 심복 *205*

21. 근후謹候 - 신중하게 대처하라 *206*

22. 기형機形 - 기회의 형성 *208*

23. 중형重刑 - 위엄 있는 형벌 *209*

24. 선장善將 - 뛰어난 장수 *210*

25. 심인審因 - 원인을 살펴라 *212*

26. 병세兵勢 - 용병의 형세 *214*

27. 승패勝敗 - 승패를 직시하라 *216*

28. 가권假權 - 권력의 위임 *217*

29. 애사哀死 - 죽음을 애도함 *220*

30. 삼빈三賓 - 세 등급의 빈객 *221*

31. 후응後應 - 다음에 대응하라 *223*

32. 편리便利 - 유리한 조건 *224*

33. 응기應機 - 기회 포착 *225*

34. 췌능揣能 - 쌍방의 역량 판단 *226*

35. 경전輕戰 - 기꺼이 싸우다 *227*

36. 지세地勢 - 지리적인 우세 *228*

37. 정세情勢 - 정세를 이용해라 *229*

38. 격세擊勢 - 공격의 시기 *230*

39. 정사整師 - 정돈된 군대 *231*

40. 여사厲士 - 사기를 독려함 *232*

41. 자면自勉 - 스스로 힘써라 *233*

42. 전도戰道 - 전투 방법 *234*

43. 화인和人 - 인화 *236*

44. 찰정察情 - 정황을 살피라 *237*

45. 장정將情 - 장수의 정 *239*

46. 위령威令 - 법령의 위엄 *240*

47. 동이東夷 - 동방 민족 *242*

48. 남만南蠻 - 남방 민족 *243*

49. 서융西戎 - 서방 민족 *244*

50. 북적北狄 - 북방 민족 *245*

제3장 부록

제갈량 연표 *250*

제1장

제갈량의 일대기

1. 어려운 가정형편 속에서도 청운의 꿈을 품다

제갈량諸葛亮은 자가 공명孔明이고, 낭야군 양도현 사람이다. 한나라 사예교위 제갈풍의 후예이다. 아버지 제갈규는 자가 군공이고, 한나라 말기에 태산군승을 지냈다. 제갈량은 어렸을 때에 아버지가 돌아가셨다. 작은아버지 제갈현은 원술에 의해 예장태수로 임명되자, 제갈량과 제갈균(제갈량의 동생)을 데리고 부임했다. 그런데 마침 한나라 조정에서는 주호를 다시 뽑아 제갈현 대신 부임하도록 했다. 그래서 제갈현은 평소 형주목사 유표와 좋은 관계를 맺고 지냈으므로 그에게 가서 의탁했다. 제갈현이 죽자 제갈량은 직접 밭에서 농사를 지으며 <양보음梁父

제갈량 형제가 남양에서 농사지을 때

吟>을 즐겨 불렀다. 제갈량은 키가 여덟 자로 늘 자신을 관중*과 악의*에 비유했지만, 그때 사람들은 이 말을 무시했다. 오직 박릉군의 최주평崔州平*, 영천군의 서서徐庶*(자는 원직)만이 제갈량과 친교를 맺었으며 확실히 그렇다고 말했다.

관중과 악의

관중은 중국 춘추시대 초기의 정치가이며 사상가이다. 제齊나라 환공을 도와 개혁을 추진하여 제나라를 춘추시대에 가장 막강한 나라로 만들었다. 악의는 전국시대 저명한 연나라 장군으로, 연나라 소왕昭王을 도와 조·초·한·위나라 연합군을 이끌고 제나라를 정벌하여 제나라의 70여 성을 함락시켰다.

최주평과 서서

최주평과 서서는 제갈량이 초야에서 은거할 때에 절친하게 사귀었던 친구들이다. 제갈량이 훗날 재상이 되었을 때 말하기를, '내가 처음에 최주평과 사귀었는데 누차 나의 잘잘못을 말해 주었고, 후에 서서(원직)와 사귀었을 때는 힘껏 충고와 가르침을 주었다.'고 하면서 그리워했다.

 살펴보기

제갈량이 즐겨 불렀던 〈양보음〉과 이도삼살사二桃三殺士

〈양보음〉은 제갈공명이 젊은 시절에 즐겨 읊었던 시로 알려진다. 이 시는 춘추 말기 제나라에서 유행하던 가요의 제목에서 비롯되었는데, 공자의 제자인 증자가 거문고의 곡으로도 사용했다고 한다. 또 혹자는 제갈량이 직접 지은 것이라고 주장하기도 한다. 시의 내용은 이렇다.

步出齊城門보출제성문 제나라 성문을 걸어 나와
遙望蕩陰里요망탕음리 멀리 탕음리를 바라본다.
里中有三墳이중유삼분 마을 안에 있는 세 무덤
累累正相似누루정상사 어찌 그리 비슷한가.
問是誰家冢문시수가총 누구의 무덤이냐고 물었더니
田疆古冶子전강고야자 공손접 전개강 고야자라네.
力能排南山역능배남산 힘은 남산을 밀어낼 만하고

文能絕地紀문능절지기 지략은 능히 땅의 기강을 끊
어 놓을 만했으나
一朝被讒言일조피참언 하루아침에 참언에 말려들어
二桃殺三士이도살삼사 복숭아 두 개로 세 선비가
죽었구나.
誰能爲此謨수능위차모 누가 이 꾀를 썼나,
國相齊晏子국상제안자 제나라 국상인 안자(안영)
라네.

 이 시에서 나오는 '탕음리'는 태산 아래 작은 산봉우리인 '양보' 부근에 있었는데, 이곳에는 예부터 무덤이 많았다고 한다. 시인은 이곳을 지나다가 우연히 제나라 때 오만방자하기로 유명했던 공손접, 전개강, 고야자라는 세 장사의 무덤을 발견하고, 이들을 복숭아 두 개로 죽인 안영의 뛰어난 지략을 칭송한 것이다.
 즉, 제나라 경공 때에 공손접, 전개강, 고야자라는 뛰어난 장사들이 있었다. 이들은 제나라 경공을 호위하고 있었는데, 늘 자신이 세운 공을 앞세워서 조정에서 오만방자하게 행동했다. 이를 보다 못한 안영은 향후에 이들을 제거하기로 마음먹고 있었다. 어느 날, 경공은 조정에서 연회를 베풀었는데, 마침 먹음직스러운 복숭아 두 개가 남았다. 이를 보고 안영은 절묘한 계책이 생각나서 복숭아 두 개를 가지고 세 장사 앞에 내놓으면서 말했다.

"자신들이 생각하여 스스로 세운 공이 높은 사람이 먼저 이 복숭아를 잡수시오."

그러자 먼저 공손접이 나와서 말하기를,

"나는 수년 전 전하를 모시고 사냥을 할 때에 갑자기 호랑이가 나타나 전하가 곤경에 처했는데, 내가 맨손으로 때려잡아 전하를 보호하였다."
라고 자랑하면서 복숭아 한 개를 집어삼켰다. 그러자 고야자가 화를 벌컥 내며 일어나서 말했다.

"그까짓 호랑이 따위를 없앤 일이 무슨 큰 공로인가? 나는 전하를 모시고 큰 강을 배를 타고 건너다가 괴룡怪龍이 나타나서 풍랑을 일으켜 배를 전복시키려고 할 때에, 내가 그 괴룡을 때려잡아서 무사히 강을 건널 수 있었다."

그리고는 마지막 남은 복숭아를 날름 먹어버렸다.

이에 전개강은 치오르는 분노를 참지 못하고 벌떡 일어나 큰 소리로 외쳤다.

"나는 일찍이 전하의 명을 받고 서국徐國을 정벌하니, 이웃 나라들이 모두 두려워하며 우리나라의 속국이 되었다. 나는 이처럼 전하의 위명을 사해에 떨치게 만들었는데, 그까짓 호랑이나 괴룡 따위와 어찌 견줄 수 있으랴! 그럼에도 불구하고 복숭아를 먹지 못하니, 대장부로서 심히 부끄러운 일이다. 내가 원통하게 살아서 무엇하리!"

그렇게 말하고 전개강은 그 자리에서 칼을 빼서 자결하고 말했다. 그의 말을 들은 공손접과 전개강도 스스로가 부끄러워 마침내 자신들도 뒤따라 자결하였다.

이것이 안영이 '복숭아 두 개로 세 장사를 죽였다.'라는 이야기의 전말이고 이는 '이도삼살사二桃三殺士' 라는 성어로 후세에 전해온다. 이처럼 뛰어난 지략을 지닌 안영을 제갈량은 평소에 흠모했고, 또 자신도 그와 같은 사람이 되고자 했기 때문에 <양보음>을 즐겨 불렀던 것 같다.

2. 유비의 삼고초려에 감동하여 천하 삼분지계를 제시하다

당시 유비는 신야에 주둔하고 있었다. 서서가 유비를 만났는데, 유비는 서서를 뛰어난 인재로 여겼다. 서서가 유비에게 말했다.

"제갈공명은 와룡臥龍과 같은 사람입니다. 장군께서는 혹시 그를 만나보고 싶지 않습니까?"

유비가 말했다.

"그렇다면 당신이 그를 데리고 왔으면 좋겠습니다."

서서가 말했다.

"이 사람은 직접 가서 만날 수 있어도 먼저 굽혀서 오라고 할 수는 없습니다. 장군께서 먼저 굽혀서 수레를 타고 찾아가야 만날 수 있습니다."

그리하여 유비가 드디어 제갈량을 찾아갔는데, 세 차례나 찾아간 뒤에야 비로소 만날 수 있었다. 유비는 곁에 있는 사람들을 물리고 말했다.

유비의 삼고초려

"한나라 왕실이 쇠미해지니 간신들이 국가의 대권을 훔치고 황제는 여기저기 유랑하는 치욕을 당하고 있습니다. 저는 스스로의 덕과 역량을 헤아리지 못하고 천하의 대의를 펼쳐볼 생각이었지만, 지혜와 술수가 부족하여 좌절하고 오늘 이 지경에 이르렀습니다. 그러나 그 뜻만은 아직 저버리지 않았으니, 당신은 제가 어떻게 대처하면 좋겠는지 충고를 해주십시오."

제갈량이 대답했다.

"동탁董卓*이 나라를 어지럽힌 후로 호걸들이 일제히 일어나 주州와 군郡을 점거한 자가 이루 헤아릴 수 없을 정도로 많습니다. 조조가 원소보다 명성이 희미하고 병력이 적지만 원소를 물리치고 약자에서 강자가 될 수 있었던 원인은 단지 하늘의 운 때문만이 아니라 사람의 지략에 의한 것입니다. 지금 조조는 이미 백만 병력을 거느리고 천자를 끼고 제후들에게 호령하고 있으니, 참으로 그와 정면으로 역량을 다툴 수 없습니다.

손권은 강동을 지배한 지 벌써 삼대가 지났고, 나라는 험준하고 백성들이 그에게 스스로 와서 복종하며, 현명한 사람이나 재간 있는 사람들을 발탁하고 있으니 그에게 도움을 받을 수 있으나 도모할 수는 없습니다.

형주는 북쪽으로 한수와 면수가 있고 남해에까지 경제적 이익이 따르고, 동쪽으로는 오군과 회계군에 잇닿아 있으며, 서쪽으로는 파군과 촉군에 이르니, 이는 무력을 쓸 수 있는 나라이지만 그 주인인 유표가 능히 지킬 수 없습니다. 이것은 아마 하늘이 장군에게 쓰도록 주는 것일 텐데 장군께서는 혹시 뜻이 있습니까?

익주는 험준한 요새와 기름진 들판이 1,000리나 되는 천부天府의 땅입니다. 고조께서는 이것을 기초로 하여 제왕의 업을 이루셨습니다. 현재 그 땅의 주인인 유장劉璋*은 어리석고 유약하며 장로張魯*가 북쪽에서 난동을 일으키고, 인구는 많고 나라는 부유하지만 백성들을 잘 보살피지 못하고 있기 때문에 지혜와 재능이 있는 사람들은 현명하고 능력 있는 군주를 얻기 원합니다. 장군은 이미 황실의 후예인 데다가 천하에 신의를 중히 여긴다는 명예를 얻고 있으며, 영웅들은 널리 불러 받아주고, 마치 목이 마른 것처럼 현인들을 갈망하고 있습니다.

만약 형주와 익주를 점거하여 그 요충지를 지키고 서쪽의 각 민족과 화합을 이루고 남쪽의 이월夷越 민족들을 어루만지며 밖으로 손권과 동맹을 맺고 안으로는 정치를 개혁하면 천하의 형세에 변화가 생길 것입니다. 그러면 상장 한 명에게 명하여 형주의 군대를 완현과 낙양으로 진군시키고 장군 자신은 친히 익주의 병력을 이끌고 진천으로 출격한다면 백성들이 어찌 감히 대그릇에 담은 밥과 병에 넣은 장으로써 장군을 환영하지 않겠습니까? 진실로 이와 같다면 패업이 이루어지고 한나라 황실은 부흥할 것입니다."

유비가 말했다.

"좋은 말씀입니다!"

이로부터 유비는 제갈량과 나날이 정이 깊어져서 친밀하게 지냈다. 관우와 장비 등이 기뻐하지 않으므로 유비는 그들에게 이렇게 설명했다.

"나에게 공명이 있는 것은 마치 물고기가 물을 만난 것과 같다네. 원컨대 그대들은 다시는 말하지 마시오."

이에 관우와 장비는 제갈량에 대한 논의를 그만두었다.

동탁董卓

자는 중영仲穎. 한漢나라 환제桓帝와 영제靈帝 때의 신하로서 소제少帝를 폐하고 헌제獻帝를 세워 전횡하다가 주살 당했음.

유장劉璋

자는 계옥季玉, 강하江夏 경릉竟陵 사람으로, 동한 말기의 군벌 중 하나이다. 아버지 유언劉焉의 뒤를 이어 익주목益州牧으로 있었다. 뒤에 유비에게 패하여 형주 공안으로 옮겨갔다가 서기 220년에 병으로 서거했다.

장로張魯

자는 공기公祺이다. 그는 서한西漢 유후留侯 장량張良의 10세손으로 천사도天師道 교주인 장릉張陵의 손자이다. 오두미도五斗米道의 3대 천사天師로 한중漢中 일대에서 오두미도를 전파하고 종교를 사칭한 군벌이 되었다. 뒤에 조조曹操에게 투항하고 진남장군을 지냈다.

 살펴보기

도원결의와 수어지교, 박망파 결전

《삼국지》는 유비와 관우, 장비가 도원에서 결의형제를 맺는데서 시작하고, 그리고 유비가 삼고초려를 한 끝에 제갈량을 만나 '물고기가 물을 만난 것과 같다.'는 수어지교水魚之交의 인연을 맺고 삼국을 정립한 뒤에 유비의 무리한 오나라 정벌과 제갈량의 위나라 정벌 끝에 결말을 보지 못하고 죽음으로써 마무리가 된다고 해도 과언이 아니다.

도원결의桃園結義에 관한 일은 정사 《삼국지》에는 자세히 묘사되어 있지 않다. 단지 <장비전>에는 '젊어서 관우와 함께 유비를 섬겼다. 관우가 연장자였으므로 장비가 그를 형처럼 대우했다.'고 씌어 있으며, <관우전>에는 이렇게 기술되어 있다.

'관우가 탁군으로 망명했을 때에 유비가 병사들을 모았는데, 관우는 장비와 함께 유비의 호위를 맡았다. 유비가 평원의 상이 된 후, 관우와 장비를 별부사마로

도원결의

임명하여 군대를 나누어 통솔하도록 했다. 유비는 잠잘 때에도 두 사람과 함께했으며, 정은 형제와 같았다. 그러나 여럿이 모여 있는 자리에서 관우와 장비는 온종일 유비 곁에 서 있었고, 유비를 따라 전쟁터를 돌아다니며 고난과 험난함을 피하지 않았다.'

이와 반면에 《삼국지연의》에는 도원결의가 자세히 묘사되어 있다. 즉, 황건적의 난이 전국에 기승을 부리자 유주태수 유언이 의병을 모집하는 방문榜文을 지었는데, 이 방문을 탁현에서 본 유비와 장비, 그리고 관우가 의기투합하여 장비의 집 뒤에 있는 복숭아

동산에 가서 결의형제를 맺는다. 이때 그들은 검은 소와 흰 말, 지전 등의 제물을 차려놓고 분향재배를 한 다음에 이렇게 맹세했다고 한다.

"유비, 관우, 장비가 비록 성은 다르지만 이미 의를 맺어 형제가 되기로 맹세하니, 혼신을 다해 곤란한 자를 돕고 위로는 나라에 보답하고 아래로는 백성을 편안하게 하려고 합니다. 비록 같은 해, 같은 달, 같은 날에 태어나지 못했어도 같은 해, 같은 달, 같은 날에 죽기를 원합니다. 하늘과 땅의 신령께서 굽어 살피시어 의리를 저버리고 은혜를 잊는 자가 있으면 하늘과 사람이 함께 죽여주십시오."

실제로 도원결의의 내용처럼 정사 《삼국지》의 <선주전>에는 손권이 관우를 습격하여 죽인 일에 분노하여 유비가 동쪽 오나라 정벌에 나섰고, 이 무렵 장비도 측근에게 살해되었다. 다급해진 손권이 편지를 보내 화해를 요청했지만, 유비는 격노하여 허락하지 않았다고 기재되어 있다.

이때에 제갈량은 관우에 대한 복수전은 촉나라를 파멸로 몰고 갈 수 있는 무리한 전쟁이라며 극구 만류

했다고 한다. 그러나 유비는 관우에 대한 복수전에 눈이 어두워 제갈량의 말을 듣지 않고 전투를 강행하여 끝내는 자귀현에서 오나라에게 대패하고 백제성에서 마지막으로 제갈량에게 후주를 부탁하고 세상을 떠난다. 이처럼 도원결의를 맺은 유비 삼형제는 역사서나 소설에서 마치 서로 수족이 된 것처럼 행동하려 했다.

그리고 유비와 제갈량이 수어지교를 맺었을 때, 관우와 장비는 매우 못마땅하게 생각하였다. 당시 유비는 47세였고 제갈량은 27세였다. 20살 차이가 나는 연장자인 유비가 겸손하게 삼고초려를 하면서 제갈량에게 시세에 대한 자문을 구한 것에 관우와 장비는 크게 불만과 불신을 품고 있었다. 이러한 관우와 장비의 불만과 불신을 해소시킨 것이 박망파 전투였다.

조조는 유비가 신야에서 군사를 조련하고 있다는 소식을 듣고 후환이 두려워 하후돈에게 10만 대군을 주어서 유비를 공격하게 한다. 이 소식을 듣고 장비는 관우에게 다음과 같이 말했다.

"어디 한 번 제갈량에게 나가서 적을 맞이하라고 해보십시다."

그리고는 유비를 찾아가서 빗대서 말하길,

"형님께서는 무엇 때문에 물(제갈량)더러 막아보라고 하지 않습니까?"

이에 유비가 대답하였다.

"지혜는 제갈량에게 의지하고 용맹은 두 아우를 믿는데, 어째서 그런 말을 하는가?"

아무튼 제갈량은 관우와 장비 등 기타 장수들이 자신의 말에 신복하지 않는 것을 알고 유비에게 여러 장수를 호령할 수 있는 주장主將의 검과 인印을 빌려서 작전계획을 지시했다.

이때 관우가 물었다.

"우리들은 모두 적과 싸우기로 되어 있는데, 군사께서는 무슨 일을 하시고 계실 겁니까?"

제갈량은 이렇게 대답했다고 한다.

"나는 가만히 앉아서 성을 지키고 있겠소."

곁에 있던 장비가 크게 웃으면서 말했다.

"우리들이 모두 나가서 적과 목숨을 건 전투를 하게 만들고 자기는 혼자서 성 안에 편안히 있겠다니, 생각 한 번 용하구려."

이에 보다 못한 유비가 타일렀다.

"훌륭한 책사는 장막 안에서 계책을 운용하여 천리 밖의 승리를 결정한다. 두 아우는 제갈량의 영을 어기지 말라."

장비가 냉소하며 물러나오자 관우가 이렇게 말했다.

"어디 한 번 제갈량의 계책이 맞는지 틀리는지 두고 보고 따져도 늦지 않을 것이네."

제갈량은 조자룡과 유비에게 일부러 하후돈에게 지는 척하며 박망파의 갈대밭으로 유인하라고 하고, 관우와 장비 등은 매복하여 화공을 펼치게 하여 하후돈의 군사를 크게 물리치고 대승을 거두었다. 이에 관우와 장비도 '제갈공명은 참으로 영걸이다.'라고 감복하고, 이때부터 그를 따랐다고 한다.

박망파 전투는 조조의 남하정책의 전초전이라 불릴 만큼 중요한 전투였다. 군사적으로 4천 명에 불과했던 유비군이 무려 20배나 넘는 적군을 물리친 것은 역사상 그 유래를 찾아보기 힘든 전투로 이를 승리로 이끈 제갈량의 전략은 탁월한 것이고 만인을 승복시킬 수 있는 계기가 되었다. 《삼국지연의》에는 박망파 전투를 승리로 이끈 제갈량을 칭송하는 시가 다음과 같이 남아 있다.

박망파에서 서로 대치하며 불로 공격하니,
지휘는 담소하는 가운데 뜻대로 되었다네.
곧바로 조조의 간담을 놀래어 떨어지게 했네,
초가에서 나와 세운 첫 공로로다.

박망파 전투에서 대패한 조조군이 다시 신야성을 공격하자 제갈량은 유비를 번성으로 피하게 하고 교묘한 계책으로 신야를 불태우는 청야전술로 다시 한 번 조조군을 대패시켰다.

3. 유기에게 대책을 일러주고, 서서는 조조에게 가다

　　　　　　유표의 맏아들 유기도 제갈량을 매우 존중했다. 유표*는 후처의 말을 듣고 작은아들 유종만을 편애하고 유기를 좋아하지 않았다. 유기는 제갈량에게 향후 자신의 안전을 위한 대책을 강구하려 했지만 제갈량은 번번이 그것을 거절하고 그에게 대책을 알려주지 않았다. 그래서 유기는 제갈량을 청하여 후원을 구경하며 노닐다가 함께 높은 누각에 올라 연회를 베푸는 사이에 사람들에게 사다리를 치우도록 하고는 그 기회를 틈타 제갈량에게 이렇게 말했다.

　　"지금 우리들은 위로는 하늘에 이르지 않고 아래로는 땅에 닿지 않습니다. 당신이 한 말은 당신 입에서 나와 내 귀로 들어올 뿐입니다. 저를 위한 대책을 말씀해 주실 수 있습니까?"

제갈량이 대답하여 말했다.

"당신은 신생*이 나라 안에 있다가 살해당하고, 중이*가 나라 밖에 있어 안전한 것을 보지 못했습니까?"

유기, 제갈량에게 대책을 묻다

유기는 제갈량이 말한 뜻을 깨닫고 수도 양양 밖으로 나갈 계획을 은밀히 세웠다. 때마침 강하태수 황조가 죽었기에 그를 대신하여 그 자리에 자원하여 나가 강하태수가 되었다. 얼마 후, 유표가 죽고 유종은 조조가 형주를 공격한다는 소식을 듣자 사신을 보내 투항하기를 청했다. 유비는 번성에서 이 소식을 듣고 그 부하들을 이끌고 남쪽으로 내려갔으며 제갈량과 서서가 함께 그를 따랐는데, 조조의 추격을 받아 패하고 조조의 병사들이 서서의 어머니를 포로로 붙잡았다. 이에 서서는 유비에게 이별을 고하고 자기 심장을 가리키며 말했다.

"제가 본래 장군과 함께 천하의 패업을 꾀하려 한 것은 이 사방 한 촌寸이 되는 심장에서였습니다. 그런데 지금 벌써 노모를 잃어 심란합니다. 당신 사업에 이로움이 없으니 여기서 이만 헤어지기를 청합니다."

그리고는 바로 조조가 있는 곳으로 찾아갔다.

유표劉表(142~208)
자는 경승景升이고, 산양군山陽郡 고평高平 사람이다. 동한 말에 군웅 중의 하나로 한실漢室의 종친이며 형주목을 지냈다.

신생申生
진晉나라 헌공獻公의 아들. 태자로 있을 때에 헌공의 애첩이었던 여희驪姬의 참언으로 인하여 죽었다.

중이重耳
진晉나라 헌공獻公의 서자, 태자 신생이 여희의 참언으로 인하여 죽자 바로 외국으로 망명함. 19년 동안 망명생활 끝에 귀국하여 진나라 문공文公으로 즉위하고 패자霸者가 됨.

● 살펴보기

신생과 중이, 서서의 결말

제갈량이 형주자사 유표의 맏아들 유기에게 대책을 가르쳐주면서 언급한 신생과 중이는 춘추전국 시기에 진晉나라 헌공의 아들들이다. 중이의 형인 신생은 태자였고, 아우로 이오가 있었다. 그런데 진나라 헌공이 총애하는 여희는 자신의 아들 해제를 후계자로 삼으려고 이들을 제거하려는 음모를 꾸미고 있었다. 여희는 먼저 함정을 파서 신생을 아버지 독살 미수라는 오명을 씌워 자살하게 만들었다.

또 중이는 이미 수도로부터 멀리 떨어진 변방에 있었지만 환관을 파견하여 자살을 강요했다. 이에 중이와 이오는 각기 국외로 망명하였다. 이때 중이는 나이가 43세로 먼저 어머니의 나라였던 적狄으로 망명했는데, 이로부터 5년째 되던 해에 아버지 헌공이 사망했다.

사망 직후 여희 등에 의해서 해제와 그 동생 도자가 득세하였지만, 이극 등의 쿠데타에 의해 여희 일파가 몰살된다. 이극은 중이를 진나라 임금으로 맞아들이려고 사자를 보냈지만, 중이는 살해당하는 것이 두려워 가지 않았다. 그리하여 이오가 먼저 귀국하여 진나라의 혜공이 된다.

그런데 이오는 중이가 귀국하여 자신의 자리를 빼앗을 것을 두려워해서 국내에 있는 친 중이 일파를 숙청하고, 또 자객을 보내 중이를 죽이려고 했다. 이에 중이 일행은 위나라로 망명하였는데, 위나라의 군주가 중이 일행을 환영하지 않았기 때문에 다른 나라로 떠났다. 한 번은 오록五鹿이라는 곳에서 먹을 것이 떨어져 현지의 농민에게 음식을 구걸하였는데, 농민은 그릇에 흙을 담아서 주었다.

이 모습에 격노한 중이가 농부를 채찍으로 때리려고 하니 수행한 신하인 조쇠가 이렇게 달랬다.

"흙을 얻었다는 것은 상서로운 것으로 앞으로 땅을 얻을 징조입니다. 참으십시오!"

이와 같은 수모를 참아가면서 중이 일행은 또 제나라로 망명하였다. 이후 그들은 제나라로부터 조나라, 송나라, 초나라 등지를 정처 없이 떠돌아다녔다.

기원전 637년, 진晉나라 혜공이 죽자 진秦나라에 인질로 잡혀 있던 태자 어圉가 도망가, 진晉 회공이 되었다. 진秦 목공은 인질이 자기 마음대로 도망가고, 그 전에 진 혜공에게 은혜를 원수로 대접받은 적도 있어 크게 분노하여 중이를 진나라 군주로 세우기로 결심하고 초나라에 망명 중이던 중이를 불렀다.

중이는 진秦나라 군사의 도움으로 진晉나라로 귀국

했다. 진晉나라에서는 그동안 평판이 나쁜 혜공과 그 아들 회공을 반대하여 중이를 새로운 진나라의 군주로 삼았다. 이때 중이의 나이는 62세로 진나라 문공이 된다. 문공은 재위 중에 반란을 피해 도망 온 주周나라 양왕襄王을 보호하여 수도에 일어난 반란을 토벌하였다.

그리고 초나라의 공격을 받은 송나라를 구원하기 위해 초나라와 성복의 땅에서 결전을 벌여 승리하여 패자覇者가 된다. 그는 9년이라는 짧은 재위 기간에 패자가 되어 제나라 환공과 함께 춘추오패의 필두가 되었다.

제갈량은 유기 또한 아버지 유표의 후처 채씨에게 신생처럼 제거당할 입장에 처했으니, 중이처럼 행동하라고 권한 것이다. 이에 유기는 제갈량의 대책을 받아들여 외지로 나아가서 강하태수를 맡는다. 건안 13년(208년)에 유표가 죽자 채씨의 아들인 차남 유종이 유표의 뒤를 계승하고 얼마 있다가 조조에게 투항한다. 이때 유기는 유비의 군사와 합쳐 하구에서 주둔했다. 적벽대전 이후, 유비는 유기를 형주자사로 삼았지만 유기는 오래지 않아서 병사하고 만다.

서서는 자字가 원직으로 단복 혹은 서복이라고도 불린다. 검의 명수로 의협심이 강하여 친구의 원수를 대신 갚아주었다가 관리에게 붙잡히고 만다. 친구의 도움으로 풀려나 검을 버리고 학문에 정진한다. 이때 같은 고향 출신인 석도와 교제하였다. 중평中平(184~189) 연간에 전란을 피하여 석도와 함께 형주로 갔고, 사마휘 밑에서 학문을 익혔다. 이때 제갈량과 맹건 등과 교제하였다.

이 당시 서서, 맹건, 석도는 학문을 깊이 이해하려 노력하였으나 제갈량은 요점을 익히는 데에 주력하였다. 제갈량은 서서, 맹건, 석도를 보고 말하기를,

"앞으로 자사나 태수 정도는 될 것이다."

이에 세 사람이 질문하였다.

"당신(제갈량)은 어떠할 것 같은가?"

이에 제갈량은 그저 웃기만 하고 아무 말도 하지 않았다고 한다.

이 무렵, 유비는 신야에 주둔하고 있었다. 서서는 유비를 만났고, 유비는 그를 유능한 인재로 생각하고

자신의 책사로 삼았다. 《삼국지연의》에는 서서가 직접 유비의 군사를 조련하고 군사들에게 진법을 가르쳤다고 한다. 조조의 사촌동생 조인이 3만 명을 이끌고 유비를 공격했을 때, 그동안 익힌 진법을 구사하여 조인의 '팔문금쇄진八門金鎖陣'을 깨어 쳐부수자 조조는 유비에게 유능한 책사가 생긴 것을 크게 걱정했다.

그래서 조조는 정욱의 계책을 빌려 서서의 어머니를 인질로 삼고, 거짓으로 어머니가 쓴 글처럼 꾸며 서서에게 보내 자기편으로 끌어왔다. 서서는 어머니 때문에 부득이 유비를 떠나면서 제갈량을 추천해 주었다. 그러나 아들을 본 서서의 어머니는 아들이 충과 진정한 효를 구별할 줄 모른다면서 크게 꾸짖고 자살했다. 이 때문에 서서는 조조가 유비를 공격하는 일에는 아무런 계책도 내어놓지 않았다고 한다. 결과적으로 조조는 서서를 위나라에 오게 하는 데까지는 성공했으나 그의 마음을 얻는 데는 실패한 것이다.

적벽대전을 앞두고 방통이 연환계連環計로 배를 서로 묶을 것을 권했을 때, 서서는 화공 계획을 미리 간파하고 방통의 꾀를 빌려 농서 지방이 술렁거린다는 유언비어를 퍼뜨리고 스스로 그곳의 수비를 자원하여 떠나 희생을 모면하였다고 한다.

 그 후 서서는 위나라에서 팽성상과 우중랑장, 어사중승을 지냈다고 한다. 또 동문수학했던 석도는 태수와 전농교위를 역임하였다. 맹건은 정동장군, 양주자사에 임명되었다.

 훗날 제갈량이 북벌北伐을 할 때, 서서와 석도 등의 관직을 듣고는 '위에는 인재가 얼마나 많기에 그들이 중용되지 못하는 것인가!'라고 말하며 한탄했다고 한다.

4. 손권과 연합하여 적벽대전을 승리로 이끌다

유비가 하구에 이르자 제갈량이 말했다.
"형세가 긴박합니다. 청컨대 명령을 받들어 강동의 손권 장군에게 구원을 요청하도록 해주십시오."

그때 손권은 군대를 모아 시상에 주둔하면서 조조와 유비 간의 전투 승패를 관망하였다. 제갈량이 손권을 설득하여 말했다.

"천하가 크게 혼란스러워지자 장군께서는 병사를 일으켜 강동을 점거하게 되었고, 유예주(유비)도 한수 남쪽에서 군대를 모아 조조와 함께 천하를 다투고 있습니다. 지금 조조는 큰 혼란을 막고 거의 평정을 한 후에 형주를 공격하고 점거하여 천하에 위세를 떨치고 있습니다. 현재 영웅이 무력을 쓸 땅이 없기 때문에 유예주께서는 이곳까지 달려왔습니다. 장군께서는 역량을 헤아리고 이 판세를 잘 보고 대처하셔야 합니다. 만일 오와 월의 병력으로 중원의 군사와 대적할 수 있다면 곧바로 조조와 국교를 끊어버리는 것만 못 하고, 대항할 수 없다면 무엇 때문에 무기를 버리고 갑옷을 묶고 조조에게 투항하지 않습니까! 현재 장군은 겉으로 조정에 복종한다는 대의명분을 앞세우고 있지만 내심 결정하지 못하고 있는데, 형세가 위급해졌는데도 결단을 내리지 않

군신들과 회의하는 제갈량

적벽

는다면 재앙은 매우 빨리 닥칠 것입니다."

손권이 말했다.

"가령 당신 말이 그와 같다면 유예주는 왜 바로 조조에게 투항하지 않습니까?"

제갈량이 말했다.

"전횡田橫*은 제나라 장수인데 도의를 지켜 굴욕적으로 투항하지 않았습니다. 하물며 유예주는 황실의 후예이자 세상에 둘도 없는 걸출한 영웅으로 많은 사대부들이 우러러 흠모함이 마치 물이 바다로 흘러가는 것 같습니다. 만일 일이 성공하지 못하면 이것은 곧 하늘의 뜻일 뿐 어찌 다시 조조의 신하가 될 수 있겠습니까?"

손권은 돌연히 화를 내며 말했다.

"나는 5군의 토지와 10만 병사를 가지고 있는데, 다른 사람에게 통제를 받을 수 없습니다. 내 생각은 이미 결정되었습니다. 유예주가 아니면 조조를 감당할 자가 드물지만, 지금의 유예주는 막 패한 뒤이니 어떻게 강대한 적과 대항할 수 있겠습니까?"

제갈량이 말했다.

"유예주의 군대가 비록 장판에서는 패했지만, 현재 회군한 병사와 관우의 수군을 합치면 정예병사 만 명이 있습니다. 유기가 강하의 병사들을 합친 것이 적어도 만 명이 됩니다. 조조의 군대는 먼 길을 왔으므로 지쳐 있습니다. 듣건대 유예주를 뒤쫓아 날랜 기병이 하룻낮 하룻밤 동안에 300여 리를 달려왔다고 합니다. 이것은 이른바 '제아무리 강한 활에서 떠난 화살이라도 종국에는 노나라의 명주조차 뚫을 수 없는' 상태입니다. 때문에 병법에서도 이와 같이 하는 것을 꺼리며 잘못하면 '반드시 상장군이 다치게 된다.'라고 했습니다. 더욱이 북방 사람들은 수전水戰에 익숙하지 못하며, 형주 백성이 조조에게 귀순하고 있는 것도 단지 군대의 위협을 두려워할 뿐 진심으로 복종하는 것은 아닙니다. 지금 장군께서 참으로 용맹한 장수에게 명하여 병사 수만 명을 이끌도록 해 유예주와 힘을 합친다면 틀림없이 조조군을 물리칠 수 있습니다. 조조군이 패배하면 반드시 북방으로 돌아갈 테고, 그렇다면 형주와 오나라의 세력이 강대해져 셋이 정립하는 상황을 이루게 될 것입니다. 성공과 실패의 관건은 지금 장군의 결정에 달렸습니다."

손권은 매우 기뻐하며 바로 주유, 정보, 노숙 등 수군 3만 명을 보내 제갈량을 따라 유비가 있는 곳으로 가서 힘을 합쳐 조조에게 대항하도록 했다. 조조는 적벽에서 크게 패배하여 군대를 이끌고 업성으로 돌아갔다. 유비는 마침내 강남을 되찾고 제갈량을 군사중랑장으로 임명하여 영릉과 계양과 장사 등 세 군을 다스리도록 하였고, 그 부세를 조달하여 군용물자를 충족하게 했다.

전횡田橫

진秦나라 말기의 군웅群雄 중의 하나. 원래 제나라 귀족 출신이다. 제왕齊王 전영田榮의 동생으로서 한신이 제나라 왕인 광廣을 사로잡자 자립하여 스스로 왕이 되었다. 한고조가 즉위하자 무리 5백여 명과 동해의 섬에 들어가 살았다. 후일 한고조가 전횡을 부르자 낙양에 가던 도중 30리를 남겨두고 자결하자, 이 소식을 들은 섬 안의 5백여 명 역시 모두 자살하여 그 뒤를 따랐다.

● 살펴보기

제갈량, 칠성단에서 동남풍을 불러 적벽대전을 승리로 이끌다

제갈량은 유비와 손권이 동맹을 맺는데 결정적인 역할을 하여 최후에는 적벽대전을 승리로 이끈다. 《삼국지연의》에는 그의 활약상을 잘 묘사하였는데,

그중에서도 압도적으로 관심을 끄는 것은 제갈량이 동남풍을 빌려와서 주유로 하여금 화공으로 조조를 공격한 대목이다. 처음에 조조는 수군에 능하지 못한 북방 군사들이 뱃멀미를 하여 무척 고심했는데, 때마침 방통이 조조를 찾아가서 뱃멀미에 대한 대책으로 배들을 서로 쇠사슬로 엮도록 권유한 연환계를 받아들이도록 만들었다.

이때 주유가 조조의 백만 대군을 물리칠 방법은 오직 화공을 펼치는 방도가 가장 효과적이었는데, 동남풍이 불어야 가능했다. 당시는 북서풍이 부는 계절이라 주유는 어찌할 방법이 없어 결국 화병이 나서 누워 있었다. 이때에 제갈량이 나타나 주유에게 자신이 동남풍을 빌려줄 터이니 화공으로 조조를 공격하라고 했다. 그리고는 남병산에 칠성단을 만들어 달라고 주문했다. 이에 주유는 벌떡 일어나 정병 5백 명을 보내 칠성단을 만들게 하고, 또 칠성단을 철저하게 호위하도록 하였다고 한다.

기실 제갈량이 아무리 기문둔갑과 주술에 능하였다 하더라도 동남풍을 빌려온다는 설은 오늘날의 관점에서는 매우 비과학적이다. 그러나 그는 분명히 천문과 지리, 기후의 변화 등에 능통했으며 그때 당시에 동남풍이 불 것을 예측했다고 보는 설이 더 정확한 표현일 것이다. 아무튼 제갈량의 칠성단은 세인의 관심을 끌기에 충분하다. 《삼국지연의》에는 이 칠성단을 만드는 법이 자세하게 묘사되어 있다.

즉, 제갈량은 주유에게 하직을 고하고 노숙과 함께 말을 타고 남병산으로 가서 지세를 살펴본 후에 군사들을 시켜서 붉은 흙을 파다가 기단을 모으게 하였는데, 기단의 주위는 24장(1장은 3.03미터)이고, 각 층의 높이가 3척으로 모두 9척이었다고 한다.

제1층에는 28수의 기를 세웠는데, 동방의 7면 청기는 각角, 항亢, 저氐, 방房, 심心, 미尾, 기旗 자리에 꽂아 창룡蒼龍의 형상으로 만들었고, 북방의 7면 흑기는 두斗, 우牛, 여女, 허虛, 위危, 실室, 벽壁 자리에 꽂아 현무玄武의 형세를 만들었고, 서방의 7면 백기는 규奎, 누婁, 위胃, 묘昴, 필畢, 자觜, 삼參 자리에 꽂아 백호白虎의 형세를 만들었고, 남방의 7면 홍기는 정井, 귀鬼, 유柳, 성星, 장張, 익翼, 진軫 자리에 꽂아 주작朱雀의 형세를 만들었다고 한다.

   제2층에는 주위에 황기 64개를 64괘에 맞추어 여덟 방위로 나누어 세우고, 제3층에는 네 사람을 세웠는데 각 사람마다 속발관束髮冠을 쓰고 조라포早羅袍를 입고 봉황 무늬가 있는 옷에 넓은 띠를 두르고 모가 난 치마에 붉은 신을 신은 차림으로 서게 하였다. 그리고 앞쪽 왼편에 선 사람은 손에 긴 장대를 들게 하였고 장대 끝에는 닭의 깃을 달아서 바람의 방향을 가늠하게 하였다. 또 앞쪽 오른편에 선 사람도 긴 장대를 들게 하였는데, 장대 위에는 북두칠성을 그린 신호 띠를 매달아서 바람의 형태를 나타나게 하였다. 그리고 뒤쪽 왼편에 선 사람은 손에 보검을, 뒤쪽 오른편에 선 사람은 손에 향로를 받들게 하였다.

   기단 아래에는 24명이 각기 정기旌旗와 보개寶蓋(일산)와 큰 마늘창과 긴 창, 은도끼와 누런 소꼬리기와 붉은 기와 검은 기를 들고 사면으로 둘러서게 하였다.

   그리고는 동짓달 스무 날 갑자 길일에 목욕재계하고 도사의 의복을 차려입고 단을 지키고 있는 군사들에게 이렇게 말했다.

"각기 제자리를 함부로 떠나지 말고, 서로 머리를 맞대고 속삭이지 말며, 제멋대로 떠들거나 망령된 소리를 내지 말도록 하라. 또 공연히 놀라지 말고, 만약에 내 영을 어기는 자가 있으면 참수형에 처하겠다."

군사들이 영에 모두 복종하니, 제갈량은 천천히 기단 위로 올라서서 방위를 살펴보면서 향로에 향을 피우고 바리에 정화수를 붓고 하늘을 보며 축원하였다. 이렇게 하기를 하루에 세 번씩 7일 간을 빌었는데, 처음에는 동남풍이 일어날 기미가 보이지 않았다. 그러나 11월 20일 밤 삼경에 졸지에 바람 소리가 나고 깃발이 휘날리며 동남풍이 크게 일어났다.

이에 주유는 크게 기뻐하며 마른 갈대와 장작 그리고 소고기 기름을 실은 배를 동원하여 조조에게 화공을 펼치도록 하고, 또 호군교위 정봉과 서성 두 장수를 불러 남병산으로 보내면서 이렇게 말했다.

"제갈량은 천지의 조화까지 빼앗아오고 귀신도 헤아리지 못하는 놀라운 도술을 지니고 있으니, 이 사람을 살려두었다가는 훗날 우리 동오東吳의 큰 화근이 될 것이다. 하루속히 죽여서 뒷날의 근심을 제거해야겠다."

그러나 제갈량은 이미 주유가 자신을 제거하리란 것도 예측하고 기단을 떠나 조자룡과 더불어 하구로 떠나간 후였다. 후세 사람들이 이 광경을 다음과 같은 시로 읊고 있다.

칠성단 위에 와룡이 올라서서 기도를 하니,
 하룻밤 사이에 동풍이 장강에 불어 물결도 높아졌다네.
 만약에 제갈공명의 묘한 계책이 아니었다면,
 주유가 무슨 수로 재주를 펼쳐보았겠나.

5. 유비를 황제로 추대하고 승상이 되다

건안 16년(211년), 익주목 유장이 법정을 파견하여 유비를 영접하고, 그로 하여금 장로를 공격하게 했다. 제갈량은 관우와 형주를 지키고 있었다. 유비는 가맹에서 돌아와 유장을 치고, 제갈량은 장비와 조운 등과 군대를 이끌고 장강을 거슬러 올라가 여러 군현을 나누어 평정하고 나서 유비와 함께 성도를 포위했다.

유비

유비, 성도를 평정하다

성도를 평정하자 제갈량을 군사장군으로 삼아 좌장군부사를 대리하도록 했다. 유비가 밖으로 출정할 때 제갈량은 늘 성도에 남아 지키면서 군량과 군수물자를 충족하게 했다.

건안 26년(221년), 여러 신하들이 유비에게 황제가 되기를 권했지만 유비는 승낙하지 않았다. 이에 제갈량이 설득하며 말했다.

"과거 오한*과 경감* 등이 세조(광무제)에게 황제가 되길 권하자, 세조는 네 번쯤 사양하였습니다. 이에 경순이 나아가 말하기를 '천하의 영웅들이 당신을 매우 경모하여 따른 것은 자신들이 갈망하는 바를 얻고자 했기 때문입니다. 만일 지금 당신이 여러 사람의 의견을 따르지 않는다면 사대부들은 각자 돌아가 다른 주인을 찾고, 다시 당신을 따르는 이가 없을 것입니다.' 라고 했습니다. 세조는 경순의 말이 매우 깊이가 있음을 깨닫고 곧 승낙했습니다. 현재 조조가 한나라 조정을 찬탈하고 천하에 주인이 없어졌습니다. 대왕 당신은 유씨의 후손이며, 그 가문에서 일어났으므로 지금 황제 자리에 오르는 것이 마땅합니다. 사대부들이 대왕을 따라 오래도록 고난을 무릅쓴 것은 경순의 말처럼 작은 공로를 얻고자 함입니다."

그리하여 유비는 황제 자리에 오르고, 제갈량을 승상으로

유비, 황제에 등극하다

책봉하고 조서를 내려 이렇게 말했다.

"짐은 황실의 불행을 만나 황제 자리를 공손히 이어받아 두려워하고 전전긍긍하면서 정치를 할 것이며, 백성의 생활을 안정시키기 원하는데 아직 천하를 평정하지 못해 걱정하고 있다.

아! 승상 제갈량은 이러한 짐의 마음을 잘 헤아려 게으름 없이 짐의 부족한 점을 보좌하며, 짐을 도와 천하에 황실의 고덕을 선양할 수 있도록 힘쓸지어다."

제갈량은 승상 신분으로 상서의 일을 맡고 가절假節('부절'과 '부월'은 황제의 권위를 상징하는 것인데, 이 중 '부절'만을 장수에게 빌려줌으로써 이 권한을 위임받은 장수는 군대 내에서 군령을 위반한 자를 사형에 처할 수 있는 권한을 갖게 됨을 일컬음)을 받았다. 장비가 죽은 후에는 사예교위까지 겸했다.

오한吳漢과 경감耿弇

오한은 자가 자안子顏으로 남양 안宛 출신이다. 후한後漢 명제明帝 때 광무제를 도와 후한을 세우는데 큰 공功을 세웠다. 편장군과 대장군을 지냈고, 유수劉秀가 황제가 된 후에 대사마大司馬가 되었고 광성후廣成侯로 봉해졌다. 경감의 자는 백소伯昭이고, 부풍扶風 무릉茂陵 사람이다. 광무제 때의 명장으로 용병에 능하여 큰 전공을 세웠는데, 모두 46군郡, 300여 성城을 공략했다고 한다.

● 살펴보기

유비, 황제에 등극하며 지은 글

건안 26년(221년) 4월 6일, 황제 유비는 감히 검정색 소를 희생으로 삼아 황천의 상제와 후토의 신지에게 명백하게 보고합니다. 한은 천하를 끼고 있고, 천명은 무궁합니다. 과거에 왕망이 한나라를 찬탈했을 때, 광무제가 크게 노하여 그를 토벌하고 없애버렸기 때문에 나라는 또다시 존속하게 되었습니다.

지금 조조는 무력에 의지하여 황자와 황후를 잔인하게 살해하고 하늘을 업신여기며, 중원을 소란스럽게 하고 하늘의 밝은 도를 돌아보지 않고 있습니다. 조조의 아들인 조비는 조조의 흉악무도함을 계승하여 국가의 권력을 훔쳐 차지했습니다.

신하와 장수들은 국가가 장차 멸망하려고 하므로 저 유비가 응당 회복시켜 선조의 사업을 잇고 하늘의 징벌을 집행할 것을 주장했습니다. 저는 덕행이 비루하여 제위를 부끄럽게 할까 두렵습니다. 백성들에게 의견을 구하고, 밖으로는 만이의 군장에게 의견을 청취했는데, 모두 '천명에는 대답하지 않을 수 없고, 선조의 사업은 장기간 방치할 수 없으며, 천하에는 군주가 없을 수 없다.'고 했습니다. 전국의 뜻 있는 선비들이 앙모하는 사람은 저 유비 한 사람이라고 합니다.

저는 하늘이 명시한 뜻을 두려워하고, 또 한 왕조의 황위가 장차 땅에 떨어질 것을 두려워하여 삼가 길일을 선택하여 백관들과 함께 제단에 올라 황제의 인새를 받게 되었습니다. 천지의 신들에게 격식을 갖추어 예절과 정성을 바치고, 삼가 천신에게 보고합니다. 신께서 한 왕실에 복을 내려주시어 오랫동안 다시 사해를 안정시켜주시기를 바랍니다!

그리고 그해 여름 4월에 대사면을 실시하고 장무章武로 연호를 고쳤다. 제갈량을 승상으로 임명하고, 허정을 사도로 임명했다. 백관을 두고, 종묘를 세우고, 고황제 이하의 선조에게 합동으로 제사를 지냈다. 5월, 오씨를 황후로 세우고 아들 유선을 황태자로 삼았다. 6월, 아들 유영을 노왕으로 삼고 유리를 양왕으로 삼았다.

6. 유비, 임종 전에 제갈량을 불러 후일을 부탁하다

장무 3년(223년) 봄, 유비는 영안에서 병세가 위중하여 성도에 있는 제갈량을 불러와 후사를 부탁했다. 유비가 제갈량에게 말했다.

"당신 재능은 위나라 조비曹丕*의 열 배는 되니 틀림없이 나라를 안정시키고, 끝내는 큰일을 이룰 것이오. 만일 후계자인 유선을 보좌할 만하면 보좌하고, 그가 재능이 없다면 당신이 스스로 취하시오."

제갈량이 눈물을 흘리며 말했다.

"신은 감히 온 힘을 다하여 충정의 절개를 바치며 죽을 때까지 이어가겠습니다."

유비는 또 후주 유선에게 조서를 내려 말했다.

너는 승상을 따라 나라를 다스리는 것을 배우고 그를 아버지같이 섬겨라.

건흥建興 원년(223년), 후주 유선은 제갈량을 무향후로 봉하고, 부서를 세워 정무를 맡아보게 했다. 얼마 후, 익주목도 겸하게 하였다. 나라의

유비, 임종 전에 제갈량에게 후사를 부탁하다

정무는 크고 작은 것을 가리지 않고 모두 제갈량이 결정했다. 남방의 여러 군이 한꺼번에 반란을 일으켰지만 제갈량은 방금 국상을 당했기 때문에 곧바로 병사를 보내 토벌하지 못했다. 그리고 오나라에 사자를 보내 화친을 맺어 동맹국이 되었다.

유비 영전

조비曹丕(187~226)

위나라 무제武帝인 조조曹操와 변부인卞夫人의 장자. 조위曹魏의 개국황제로 고조高祖 문황제文皇帝로 불린다. 자는 자환子桓이고, 정치와 문학 방면에 뛰어난 재능을 지녔다. 부친 조조와 아우 조식曹植과 더불어 삼조三曹로 일컬어진다.

유비가 유선에게 남긴 조서

223년 4월, 유비는 자신의 병이 위중하여 다시 회복되지 못함을 알고 제갈량을 불러 후사를 부탁하고 제갈량에게 다음과 같은 조서를 대필하게 하였다.

짐의 처음 병은 이질일 뿐이었는데, 후에 다른 큰 병이 되어 나아질 기미가 보이지 않는다. 사람의 나이 오십이면 요절했다고 할 수 없는데 내 나이가 벌써 예순을 넘었으니 이제 무엇이 한이 되고 애통해 할 것이 있겠는가. 그러나 경(유선)의 형제가 염려될 뿐이다.

사군射君*이 와서 말하기

후주 유선

를, 승상은 경이 총명하고 품은 뜻이 크며 자기 수신에 힘쓰는 것이 사람들이 바라는 바를 초월한다고 하니 진실로 그와 같다면 내가 다시 무엇을 걱정하겠는가! 분발하고 분발하라! 악한 일은 적더라도 하지 말며 선한 일을 적더라도 하라. 오로지 어질고 덕이 있어야 남을 감복시킬 수가 있다.

나는 덕이 적으니 본받지 마라. 《한서》, 《예기》를 읽고 한가할 때에 제자백가와 《육도》, 《상군서》를 읽어서 지혜와 생각을 키워야 유익하다. 듣건대 제갈 승상이 너를 위해 《신자申子》, 《한비자》, 《관자》, 《육도》를 모아 하나로 만들었으나 도중에 없어졌다고 하니 네 스스로 통달해야 할 것이다.

223년 6월 10일 유비가 사천성 봉절현에 있는 영안궁에서 병사하자, 제갈량은 신속하게 상사喪事를 처리하고 내부의 안정을 도모하고 외부의 침범을 막기 위해 후주 유선에게 다음과 같은 표문을 올렸다.

사군射君

사원射援, 자는 문웅文雄, 부풍扶風 사람이다. 헌제 때에 유장을 섬기다가 유비가 촉한을 세우자 귀순하여 제주祭酒가 되었고 후에 중랑장을 지냈다.

7. 남방을 평정하고 출사표를 올리고 북벌에 나서다

건흥 3년(225년) 봄, 제갈량은 군대를 이끌고 남방으로 정벌을 나서서 이해 가을에 모두 다 평정하였다. 군수물자가 새로 평정한 여러 군에서 나오므로 나라의 재정이 부유해졌다. 때문에 다시 군대를 정비하고 무공을 익혀 때를 기다렸다가 조조를 공격할 큰 군사행동을 일으켰다.

5년(227년), 여러 방면의 군사를 이끌고 북쪽 한중에 주둔했는데, 출발할 때 이렇게 상주문(전출사표前出師表)을 올렸다.

선제께서 창업을 절반도 이루지 못하고 중도에 세

상을 떠나셨습니다. 지금 천하는 셋으로 나뉘어져 있는데 우리가 있는 익주는 피폐하니, 이것은 진실로 국가가 위급하여 사느냐 죽느냐 하는 위급한 때입니다.

그러나 폐하를 가까이 모시는 신하들이 궁궐 안에서 게으름을 피우지 않고, 충실한 장수들이 궁궐 밖에서 자신의 몸

출사표를 올리다

을 잊고 있는 것은 선제의 각별한 은총을 추모하고 이를 폐하께 보답하려 함입니다.

폐하께서는 마땅히 성덕을 열고 펴시어 선제께서 남긴 덕을 밝히고 뜻있는 인사들의 기개를 넓히시고, 비유함에 본의를 잃어서 공연히 스스로 자신을 깎아내리

고 충언이나 간언할 길을 막는 것은 안 될 것입니다.

　궁중과 외부의 관리가 함께 한 몸이 되어야지 상벌을 주는데 차이를 두시면 안 됩니다. 만일 부정한 일을 하거나 법률을 범한 자나 충성스럽고 착한 일을 한 자가 있다면 마땅히 담당 관청에 넘겨 그 상벌을 논하도록 하여 폐하의 공평한 정치를 밝혀야지 사사로운 정에 치우쳐 안팎으로 법률이 다르게 해서는 안 될 것입니다.

　시중시랑 곽유지郭攸之, 비의費禕, 동윤董允* 등은 모두 어질고 성실하여 뜻이 충실하고 순수합니다. 그래서 선제께서 발탁하여 폐하께 남겨주셨습니다. 신의 생각으로는 궁중의 일은 크고 작음을 가리지 말고 모두 이 사람들과 상의한 다음 시행하면 반드시 부족한 점이 채워져 널리 이로운 바가 있을 것입니다.

　장군 상총은 성격이나 행실이 선량하고 공평하며 군사에 밝아 과거에 시험 삼아 써보고는 선제께서 그를 유능하다고 칭찬하셨습니다. 이 때문에 여러 사람이 의논하여 상총을 추천해 도독으로 삼았습니다. 어리석은 신의 생각으로는 군대 안의 일은 모두 이 사람과 상의하시면 틀림없이 군대를 화목하게 하고 우수한 자와 열등한 자가 알맞은 곳을 얻을 수 있을 것입니다.

어진 신하를 가까이 하고 소인을 멀리한 것이 전한前漢이 흥성한 까닭이고, 소인을 가까이 하고 어진 사람을 멀리한 것이 후한後漢이 쇠한 원인입니다. 선제께서 살아 계실 때 이 일을 늘 신과 더불어 논의하고, 일찍이 후한 말의 환제와 영제에 대하여 탄식하고 통한해 하지 않은 적이 없었습니다. 시중, 상서, 장사, 참군, 장완은 모두 바르고 어질며 절개를 위해 죽을 신하들입니다. 원컨대 폐하께서 그들을 가까이 하고 믿으시면 한나라 왕실의 융성은 날을 헤아리며 기다릴 수 있을 것입니다.

신은 본래 평민 신분으로 남양에서 직접 농사를 짓고 있었습니다. 난세에 구차하게 목숨을 보존하면서 제후에게 명성을 구하려고 하지 않았습니다. 그런데 선제께서는 신을 비천하게 생각지 않으시고 외람되이 몸소 몸을 굽히고 세 번이나 신의 오두막으로 찾아오셔서 신에게 그때의 세상일을 물으시기에, 신은 이

일로 감격하여 선제께 신명을 다할 것을 허락하였습니다. 뒤에 나라가 기울어 전복되려 하고 장판싸움에서 졌을 때 임무를 맡았고, 위급하고 어려울 때 명령을 받든 지가 21년이나 지났습니다.

선제께서는 신이 신중함을 아시므로 임종할 때 신에게 큰일을 맡기셨습니다. 명령을 받은 다음부터 밤낮으로 걱정하고 탄식하며, 하명하신 일에 공적을 이루지 못하고 선제의 명철함을 손상할까 봐 두려웠습니다. 그 때문에 5월에 노수를 건너 볼모지로 깊숙이 쳐들어갔습니다.

지금 남방은 이미 평정되었고, 군대와 무기도 풍족하므로 마땅히 삼군三軍을 거느리고 북쪽 중원을 평정해야 합니다. 바라는 것은 노둔老鈍(늙어서 재빠르지 못하고 둔함)한 재주를 다하여 간사하고 흉악한 자들을 제거하고 한나라 왕실을 부흥시켜 옛 도읍지로 돌아가는 것입니다. 이것이 신이 선제께 보답하고 폐하께 충성하는 직분입니다.

손익을 헤아려 나아가 충언을 다하는 것은 곽유지, 비의, 동윤의 책임입니다. 원컨대 폐하께서는 신에게 적을 토벌하여 한나라 왕실을 부흥시킬 일을 맡겨주십시오. 만일 공적을 이루지 못하면 신의 죄를 다스려 선제의 영전에 고하십시오. 만일 덕을 일으켰다는 말이 없으면 곽유지, 비의, 동윤 등의 태만함을 꾸짖어 그 허물을 분명히 하십시오. 폐하께서도 몸소 마음을 써서 신하들에게 옳은 길을 묻고 바른말을 살펴 받아들여 선제의 유언을 깊이 생각하십시오. 신은 큰 은혜를 받고 감격을 감당하지 못하고 있습니다. 이제 멀리 떠나려 하며 표문을 대하니 눈물이 흘러 아뢸 바를 모르겠습니다.

그리고 출발하여 면양에 주둔했다.

곽유지郭攸之, 비의費褘, 동윤董允

모두 촉한의 충성스런 관리이다. 곽유지의 자는 연장演長이고 남양 사람이다. 건흥 연간에 시중侍中이 되었고, 제갈량의 총애를 받았다. 유선의 빠뜨린 점을 보완해 주는데, 크게 도움을 주었다. 비의는 제갈량과 장완

蔣琬, 동윤董允과 더불어 촉한 네 명의 재상으로 꼽히는 인물이다. 제갈량이 죽은 후에 군사軍師가 되었고 다시 상서령과 대장군을 역임했다. 동윤의 자는 휴소休昭이고 남군南郡 기강枝江 사람이다. 중랑장 동화董和의 아들이다. 처음에 태자사인太子舍人으로 있다가 유선이 즉위하자 황문시랑이 되었다. 그 후에 시중과 호분중랑장이 되었다.

살펴보기

〈후출사표〉와 출사를 찬양한 시

<출사표>는 제갈공명이 위나라로 출정할 때에 후주 유선에게 전후 두 차례 올린 표문을 말한다. 즉 <전출사표>와 <후출사표>를 말하는데, 임금을 향한 충성이 남김없이 발로된 명문이므로, 안자순이 평하기를 '공명의 출사표를 읽고도 눈물을 흘리지 않는 자는 반드시 충성되지 못한 사람일 것이다.' 라고까지 했다.

<전출사표>는 선제의 은혜에 대한 감격과 국가에 대한 충성 및 후주에 대한 간절한 부탁을 담고 있으며, <후출사표>는 위나라와 촉나라는 양립할 수 없음을 강조, 중원으로 진출하여 싸워야 함을 역설하는 내용으로 되어 있다. 위의 본문 중에 나오는 것이 <전출사표>이고, 다음은 <후출사표>이다.

 선제께서는 한나라의 적인 조조와 양립할 수 없고 왕업은 한쪽 구석인 촉도(촉의 수도)에서 편안히 할 수 없음을 염려하셨습니다. 이 때문에 신에게 적을 칠 것을 부탁하셨으니 선제의 밝으신 지혜로 신의 재주를 헤아리심에, 진실로 신이 적을 치기에는 신의 재주가 약하고 적이 강하다는 것을 아셨습니다. 그러나 적을 치지 않으면 왕업이 또한 망할 것이니, 앉아서 망하기를 기다리는 것보다 차라리 적을 치는 것이 낫기 때문에 신에게 부탁하고 의심하지 않으신 것입니다.
 신은 명을 받은 날부터 잠자리에 누워도 자리가 편안하지 않고 밥을 먹어도 맛이 달지 않았습니다. 신이 생각하기에 북쪽을 정벌하려면 마땅히 먼저 남쪽 지

방을 쳐들어가야 한다고 여겼습니다. 그러므로 5월에 노수를 건너 깊이 불모지에 쳐들어가 하루걸러 밥을 먹은 것은 신이 제 자신을 아끼지 않아서가 아닙니다. 다만 왕업을 한쪽 구석인 촉도에서 편안히 할 수 없기 때문에 위험과 어려움을 무릅쓰고 선제의 유지를 받든 것인데, 의론하는 자들이 이르기를 좋은 계책이 아니라고 합니다. 지금 적이 마침 서쪽의 싸움에서 지쳤고, 또 동쪽을 공략하는데 여념이 없습니다. 병법에 이르기를 '적이 피로한 틈을 타라.'고 하였으니 지금이야말로 진격할 시기입니다. 삼가 그 일을 아래와 같이 아룁니다.

고제 유방께서는 밝음이 해와 달 같으셨고 거느린 신하들의 지혜가 못과 같이 깊었으나 온갖 고난을 겪으신 후에야 편안을 찾으셨습니다. 그런데 지금 폐하께서는 밝음이 고제에 미치지 못하시고 신하들의 지혜도 장량과 진평만 못 하면서 장구한 계책으로 승리를 취하고자 가만히 앉아서 천하를 평정하고자 하시니, 이것은 신이 이해할 수 없는 점의 첫 번째입니다.

또한 유요와 왕랑 등은 각각 주군州郡을 차지하고

있으면서 하루빨리 정벌하지 않고 안위를 논하며 입으로만 계책을 지껄이며 성인군자인 체하니, 많은 사람의 뱃속에 의심이 가득하고 가슴에 의구심이 가득차게 하며, 한 해 한 해 싸우지 않고 정벌하지 않고 있다가 급기야는 손책으로 하여금 강동을 병합하게 하였으니, 이것은 신이 이해할 수 없는 점의 두 번째입니다.

조조의 지혜와 계략이 보통사람보다 크게 뛰어나 군사를 부리는 것이 손무, 오기와 비슷하였습니다. 그러나 남양에서 곤욕을 당하고, 오소에서는 위험을 겪었으며, 기련에서는 위태로웠고, 여양에서는 핍박을 당하였으며, 북산에서는 패할 뻔했고, 동관에서는 죽을 뻔한 뒤에야 겨우 한때나마 천하를 평정할 수 있었습니다. 하물며 신은 재주가 약하면서 위태롭지 않고 천하를 평정하려 하니, 이것은 신이 이해할 수 없는 점의 세 번째입니다.

조조는 다섯 차례 창패를 공격하였으나 항복받지 못하였고, 네 차례에 걸쳐 소호를 넘으려 했으나 성공하지 못하였습니다. 이복을 임용하였는데 이복이 조조를 칠 것을 도모하였고, 하후연에게 위임하였는데 하후연이 패망하고 말았습니다. 선제께서 매양 조조를 '능하다.'고 칭찬하셨는데도 이처럼 실수가 많았습니다. 하물며 신은 재주가 노둔하고 낮으니 어찌 필승을 기약할 수 있겠습니까. 이것은 신이 이해할 수 없는 점의 네 번째입니다.

신이 이곳 한중漢中에 도착한 이후로 1년이 되었습니다. 그러나 조운, 양군, 마옥, 염지, 정립, 백수, 유합, 등동 그리고 곡장과 둔장 70여 명을 잃어 선봉에 서서 돌격할 만한 장수는 하나도 없으며 종수, 청강 등 산기, 무기 1천여 명을 잃었습니다. 이들은 모두 수십 년 동안 사방에서 끌어모은 정예들이요, 익주 한 고을의 소유가 아닙니다. 만일 이대로 다시 수년이 지나면 3분의 2를 손실할 것이니, 이래서야 어찌 무엇으로써 적을 당해낼 수 있겠습니까? 이것이 신이 이해할 수 없는 점의 다섯 번째입니다.

지금 백성들은 곤궁하고 군사들은 지쳐 있으나 위나라를 정벌하는 일은 중지할 수가 없습니다. 이 일을 중지할 수 없다면 군대를 주둔시키는 것이나 군대를 출동하여 행군하는 것은 노력과 비용이 서로 맞먹습니다. 그런데 빨리 일을 도모하지 않고 오직 한 고을의 땅을 지키며 적과 지구전을 벌이고자 하니, 이것은 신이 이해할 수 없는 점의 여섯 번째입니다.

미리 정하기 어려운 것이 일입니다. 옛날에 선제께서 초나라 땅에서 패전하셨을 때, 조조는 손뼉을 치면서 천하를 이미 평정했다고 생각했습니다. 그러나 뒤에 선제께서 동쪽으로 오·월과 연합하고 서쪽으로 파촉을 취하였으며, 군대를 동원하여 북쪽을 정벌하여 하후연의 목을 베었으니, 이는 조조의 실책이요 우리 한나라의 일이 장차 이루어질 계기였습니다. 그러나 뒷날 오·월이 맹약을 위반하여 관우가 패하여 죽고 자귀현을 적에게 빼앗겨 차질이 생겼으며, 조비가 황제를 폐하고 스스로 황제의 자리에 올랐으니, 모든 일이 이와 같이 예측하기가 어렵습니다.

신은 몸을 굽히고 수고로움을 다하여 죽은 뒤에야 그만둘 것입니다. 그러나 성공과 실패, 유리함과 불리함에 대해서는 신의 지혜로 미리 예측할 수 있는 바가 아닙니다.

다음은 《삼국지연의》에서 <제갈량의 출사를 찬양한 시>이다.

한고조 유방 손에서 석자 검을 뽑아드니,
망탕산의 흰 뱀 밤에 피를 흘렸다네.
진을 평정하고 초를 멸하고 함양에 들어갔건만
이백 년 전 하마터면 대가 끊어질 뻔했다네.
위대한 광무제 낙양에서 흥하여 일어났는데,
환제 영제 때에 또다시 무너졌네.
헌제는 조조의 핍박으로 도읍을 허창으로 옮기니,
분연히 세상의 호걸들이 일어났다네.
조조는 권력과 천시를 얻었고,
강동의 손씨는 대업을 열었다네.
외롭고 궁한 현덕은 천하를 떠돌면서,
신야에 홀로 거처하며 백성들의 재난을 근심했다네.
남양의 와룡은 큰 뜻이 있어서,
뱃속에 강한 군사 자유자재로 부릴 줄 아네.
단지 서서가 떠나기 전 유비에게 한 마디 말하여,
삼고초려로 서로 마음 알게 되었다네.

이때 선생은 27살이었으니,
거문고와 책을 수습하고 밭이랑을 떠났다네.
먼저 형주를 취한 후에 서천마저 얻어서,
패업을 이룰 높은 재주 펼쳤다네.
종횡무진인 언변은 바람과 우레 같아서,
가슴속의 생각을 이야기하는 가운데 북극성을 바꾸었다네.
용이 머리를 들고 호랑이가 노려보듯이 천지를 안정시키고,
만고의 세월에 불후의 이름 남겼다네.

8. 눈물을 머금고 명령을 어긴 장수 마속을 죽이다

건흥 6년(228년), 제갈량은 야곡도에서 나와 미현을 빼앗으려고 있는 힘을 다해 싸우며, 조운과 등지를 보내 의병疑兵(거짓 병력)으로 삼아 기곡에 진지를 구축하도록 하였는데, 위나라 대장군 조진曹眞*이 군사를 거느리고 저항했다.

제갈량은 친히 병사를 이끌고 기산을 쳤는데, 군대의 진용이 질서정연하고 상벌이 엄격하며 호령이 명확하였다. 남안, 천수, 안정 세 군이 위나라를 배반하고 제갈량에게 항복하자 관중 일대가 진동했다.

위나라 명제가 장안 서쪽을 지키고 장합張郃*에게 명하여 제갈량을 막도록 했다. 제갈량은 마속馬謖*에게 군사들을 지휘하여 선봉에 서서 가정에서 장합과 싸우도록 했다. 그러나 마속은 제갈량의 지시를 어기고 군사작전 중에 산 정상에 진을 쳤는데, 장합이 그를 포위하여 식수를 끊자 크게 패하고 말았다. 제갈량은 서현의 1,000여 가구를 함락시키고 한중으로 돌아와 마속을 참하여 모두에게 사죄했다. 그리고 제갈량은 유선에게 상소문을 올려 이렇게 말했다.

신은 스스로 박약한 재능으로 맡은 일을 해낼 수 없을 정도의 중요한 직무를 담당하여 직접 병사들을 이끌고 싸우러 나갔으나, 삼군을 격려하며 법규로 훈도하고, 장법을 명확하게 하지 못했으며, 큰일에 임해서 신중하게 고려하지 못하여 가정에서 마속이 명령을 어기는 잘못을 범하고, 기곡에서는 경계와 준비를 엄격하게 하지 못하여 큰 실책을 범하였습니다.

그 책임은 모두 신이 사람을 잘못 쓴 데 있습니다. 신은 사람을 알아보는 명철함이 없으며 일을 처리함에 어두운 면이 많습니다. 《춘추》에서 전쟁에서 실패한 처벌은 군 통수권자에게 하는데, 신의 과실에 대한 책임을 지는 것은 타당합니다. 청컨대 신이 스스로 직위를 세 등급 낮추어 과실에 대한 책임을 지게 해주십시오.

그래서 조정에서는 제갈량을 우장군으로 삼고 승상 직무를 대행하도록 하였으며, 나랏일을 총괄하는 직무는 전과 마찬가지로 하게 하였다.

> **조진**曹眞
> 위나라의 대장. 조조의 조카. 자는 자단子丹으로 문제 文帝 때에 중군대장군에 임명되었다.
>
> ---
>
> **장합**張郃(163~231)
> 위魏나라의 무장으로, 자는 준예儁乂이며 기주冀州 하간국 막현 사람이다. 본래 원소를 섬겼으나 조조에게 투항하여 편장군이 되었다. 원상袁尙과 원담袁譚과의 전투에서 공을 세웠고, 오환烏丸과의 전투에서는 장료張遼와 더불어 선봉을 맡았다. 그 후에 평적장군平狄將軍에 임명되었고, 가정에서 마속과의 전투에서 승리했다.

> **마속**馬謖
> 촉蜀의 장수. 용병에 밝아 제갈량의 신임을 받아 참군參軍이 되었다. 후에 선봉장이 되어 싸움에 출전했다가 제갈량의 명을 어겨 장합에게 크게 패전하였으므로 죽임을 당했다.

● 살펴보기

읍참마속泣斬馬謖

마속의 자는 유상이고 양양 의성(지금의 호북성 의성 남쪽) 사람이다. 형은 마량이고, 적벽대전 후에 유비에게 귀순하여 형주종사, 성도령, 월수태수, 승상참군 등을 지냈다. 유비는 임종 전에 마속의 됨됨이를 제갈량에게 이렇게 말했다.

"마속은 말이 사실보다 과장되니 중용하지 마시오!"

그러나 재주와 기량이 뛰어나고 병법 논하는 것을

읍참마속

좋아하여 제갈량의 중시를 받게 되었다. 225년 제갈량이 남정南征을 할 때에 그는 이렇게 말했다.

"사람의 마음을 공격하는 것이 상책이고, 성을 공격하는 것은 하책이다. 그리고 심리전이 상책이고, 무기를 이용하는 것은 하책이다."

《삼국지연의》에 의하면 제갈량은 그의 말이 옳다고 여겨 남정 때에 남방의 수령인 맹획을 일곱 번 잡았다가 일곱 번 풀어주어 심복心腹하게 만들었다고 한다. 이로부터 마속은 제갈량에게 중용되었다. 228년 제갈량이 제1차 북벌을 강행할 때에 마속으로 하여금 선봉으로 삼았으며 또 가정街亭을 지키라는 명을 내렸다. 이때 마속은 제갈량의 명령을 어기고 어리석게 산 위에 군사를 주둔시켰다. 이에 위나라 군대는 마속이 주둔하는 곳의 급수로를 차단하자 결국에 크게 패하고 말았다. 제갈량은 이 소식을 접하고 다음과 같이 논하였다.

손무*와 오기*가 승리를 거둘 수 있었던 것은 법을 엄하게 집행했기 때문입니다. 그런 연고로 양간*이 군법을 어지럽히자 위강*이 그의 마부를 죽인 것입니다. 지금 천하가 분열되어 있고 북벌이 방금 시작되었는데, 만약 법과 규율을 폐지한다면 무엇으로 적을 토벌하겠습니까!

마속은 임종할 때 제갈량에게 편지를 써서 말했다.

명공(제갈량)께서는 저를 자식처럼 돌보았으며, 저 역시 명공을 아버지처럼 생각했으니, 되돌아보면 곤과 우의 의리처럼 깊다고 생각했습니다. 평생의 교분

이 여기에서 무너지게 하지 않을 것이며 제가 비록 죽어 황천에 간들 여한은 없을 것입니다.

이 편지를 보고 10만의 무리들은 눈물을 비 오듯 흘렸다고 한다. 제갈량은 친자식처럼 아꼈던 마속을 본보기로 참수하고 뜨거운 눈물을 흘렸다고 한다. 이것이 읍참마속泣斬馬謖의 전말이다.

손무
춘추시대 제나라 사람으로 병법가이며 《손자병법》의 저자.

오기
전국시대 초나라의 명장이며 병법가이다.

양간
춘추시대 진晉 도공의 동생.

위강

춘추시대 진晉의 대부. 기원전 570년, 진나라 도공이 곡양에서 제후들과 회맹을 가질 때 양간이 군대의 대열을 어지럽히자 당시 군법을 주관하는 위강이 양간의 마부를 죽여서 군법 기강의 본보기로 삼았다.

9. 위나라 장수 장합을 죽이고, 과로로 오장원에서 세상을 떠나다

제갈량, 왕쌍을 죽이다

겨울에 제갈량은 또 산관으로 나와 진창을 포위했는데 조진이 이를 막았으며, 제갈량은 군량이 다하여 돌아오고 있었다. 위나라 장수 왕쌍王雙*이 기병을 이끌고 제갈량을 추격해 왔는데, 제갈량은 그와 싸워 깨뜨리고 왕쌍을 참수하였다.

7년(229년), 제갈량은

진식陳式*을 보내 무도군과 음평군을 치게 했다. 위나라 옹주자사 곽회郭淮*가 군사를 이끌고 진식을 뒤쫓아 오자 제갈량이 몸소 건위까지 나아가 싸웠고, 곽회는 물러나니 두 군이 평정되었다. 유선이 제갈량에게 조서를 내렸다.

  가정 싸움에서 진 것은 마속의 책임이다. 그런데 그대는 그 책임을 자신에게 돌려 심하게 자책하고 자신의 관직을 내렸다. 짐은 그대의 마음을 거스르지 않기 위해서 그대의 의견을 받아주었다. 작년에 그대는 군대를 지휘하여 왕쌍을 참수하였다. 금년에 다시 출정하여 곽회를 물리쳤다. 저족과 강족을 항복시키고 무도군과 음평군을 수복시켰다. 그대의 위풍은 흉악한 무리를 진압했고 공훈이 혁혁하다. 지금 천하를 평정하지 못했고, 원수를 아직 없애지 못했다. 그대는 중대한 임무를 받아 나라의 중요한 일을 처리했는데 오래도록 관직을 낮추고 있으면 큰 공훈을 세울 수 없게 된다. 지금 그대를 승상으로 복직시키니 청컨대 그대는 더 이상 사양하지 마라.

화살 맞은 장합

9년(231년), 제갈량은 다시 기산으로 출격하였으며, 목우木牛를 이용하여 군량을 실어 날랐는데 군량이 다 떨어져 철수하게 되었다. 위나라 장군 장합과 교전하여 그를 활로 쏘아 죽였다.

12년(234년), 제갈량은 전군을 거느리고 야곡에서 출병하였는데 유마流馬로 군량을 실어 날랐으며, 무공현 오장원을 점령하고 사마의*와 위남에서 대치했다.

제갈량은 늘 군량이 원활하게 공급되지 않아 자기 뜻을 펴지 못할까 걱정하였다. 그래서 병사를 나누어 둔전을 하여 오랫동안 주둔할 터전을 만들었다. 농사를 짓는 병사들은 위수 해안가에 거주하는 백성 사이에 섞여 지냈는데, 백성은 편안히 생업에 종사하였고 병사들은 사사로운 이익을 구하지 않았다. 서로 대치한 지

제갈량 임종 직전

제갈량 임종도

백여 일이 지났다. 그해 8월에 제갈량이 병들어 군영 안에서 죽었는데 당시 54세였다. 촉의 군대가 물러나자 사마의는 제갈량의 군영과 보루 및 거처를 일일이 돌아보고는 말했다.

"제갈량은 천하의 기재奇才로다!"

왕쌍王雙
위나라의 장수. 자는 자전子全이고 농서군 적도현 사람이다. 조진曹眞의 천거를 받아 호위장군虎威將軍에 선봉장으로 임명되었다. 학소와 진창성陳倉城을 잘 지키며 촉나라의 장수인 사웅과 공기를 죽이고 장억에게 중상을 입혔다. 촉나라 군대가 퇴각할 때 추격했다가 제갈량의 계책으로 위연魏延에게 죽임을 당했다.

진식陳式
촉나라의 장수. 유비가 동오東吳를 공격하였을 때 오반吳班과 함께 수군을 인솔했다. 제갈량의 3차 북벌 때, 제갈량의 지휘하에서 무도武道와 음평陰平을 공략하였다.

곽회郭淮

위나라의 장수, 장합과 더불어 가정에서 마속馬謖을 격파하고, 건위장군, 양부장군이 되었다. 사마의를 도와 위북에서 제갈량의 북벌을 막는데 성공했다. 240년 촉장 강유姜維를 이기고, 244년 촉을 치는 선두부대를 거느렸다.

사마의司馬懿

자는 중달仲達, 하내河內 온현溫縣 사람이다. 조조曹操에게 등용되어 황문시랑黃門侍郎 · 주부主簿 등의 관직을 거쳤다. 명제 때 제갈량의 북벌에 맞서 오장원에서 대진對陣하던 중 제갈량이 진중에서 죽음으로써 군사를 물렀다. 서진西晉 건국의 기초를 다졌으며 뒤에 서진의 선제宣帝가 되었다.

살펴보기

죽은 제갈공명이 산 사마중달을 달아나게 만들다

234년 봄, 제갈공명(제갈량)은 10만 병력을 이끌고 또다시 북벌을 단행했다. 상대방의 적장은 사마중달(사마의)로, 그는 처음부터 제갈공명과 정면 승부를 할 자신이 없어 수비를 위주로 장기전을 펼치면서 제갈공명의 군대가 물자 보급이 다하여 스스로 철수할 때에 공격할 계획이었다. 이에 제갈공명은 둔전屯田을 일으켜 군량의 자급체계를 갖추고 장기전에 대비하게 하였다.

그러나 제갈공명은 평소 과다한 업무로 병을 얻어 병상에서 일어나지 못하고 서거하고 만다. 이때의 정황을 정사 《삼국지》〈명제기明帝紀 : 조예〉에는 '사마중달이 성채를 굳게 지키고 대응하지 않으니, 때마침 제갈공명이 죽었다. 이에 촉나라 군대가 철수하여 본국으로 돌아갔다.' 라고 했고, 배송지의 <삼국지주>에는 '제갈공명이 죽은 후에 양의 등이 철수하자 사마중달이 이를 알고 추격했는데, 강유는 양의에게 명하여 군대를 사마중달에게 향하는 것처럼 보이게 하여 사마중달이 접근하지 못했다.'라고 기술되어 있다.

그러나 《한진춘추漢晋春秋》, 《십팔사략》, 《삼국지연의》 등의 책에는 제갈공명이 자신이 죽은 뒤에 사마중달이 추격할 것을 미리 알고, 양의와 강유 등의 장수에게 명을 내려 사마중달이 추격하면 자신의 모습을 본뜬 좌상을 만들어 수레에 앉혀 살아서 지휘하는 것처럼 위장하여, 추격하는 사마중달이 매복에 걸렸다고 생각하여 스스로 물러서게 만들었다고 한다. 이를 두고 사

죽은 제갈공명이 산 사마중달을 달아나게 만들다

람들은 '죽은 제갈공명이 산 사마중달을 달아나게 했다.[死孔明走生仲達]'는 말을 만들고 비웃었다고 한다. 그러자 사마중달은,

"살아 있는 사람 일이야 알 수 있지만 죽은 사람이 하는 일을 어찌 알겠는가.[吾能料生, 不能料死故也]"

라고 웃으면서 말했다고 한다. 《삼국지연의》에는 사마의를 조소하고 제갈량의 지략을 찬양한 다음과 같은 시가 남아 있다.

혜성이 한밤중에 하늘에서 떨어졌건만,
사마의 달아나며 여전히 제갈량이 죽지 않았는지 의심하네.
검문관 밖에서 지금도 사람들이 비웃나니,
사마의 내 머리가 아직도 붙어 있느냐고 물어본 일을.

10. 유선의 조서와 제갈량의 표문

제갈량은 임종할 때 한중의 정군산定軍山*에 묻어달라고 유언했다. 산에 의지하여 무덤을 만들되 무덤은 관을 넣을 수 있을 정도로만 하며, 염할 때는 평소 입던 옷으로 하고 제사용품을 쓰지 못하게 했다. 유선이 조서를 내려 말했다.

그대는 문무의 재능을 갖추고 지혜와 충후함과 성실함을 지녔으며, 선제께서 고아를 의탁한 유언을 받들어 짐을 보좌하여 끊어질 것 같았던 황실을 일으켰고, 쇠퇴해 가는 나라를 보존하고, 마음속에는 대란을 평정하려는 뜻을 가지고 군대를 정비하고 해마다 군사를 이끌고 나아가 정벌했다.

  그대의 신 같은 무공은 혁혁하고, 위세는 온 세상을 진동시켰으며, 한나라 말에 위대한 공을 세워 그 업적이 이윤이나 주공의 큰 공훈과 견줄 만했다. 어찌 원통하게도 일이 거의 다 이루어질 무렵에 질병으로 목숨을 잃었는가! 짐은 슬퍼 심장과 간장이 찢어지는 듯하다.

  그대의 덕행을 숭상하고 공훈을 서술하며 살았을 때의 행적에 따라 시호를 정하겠노라. 이것은 그대의 빛나는 업적을 역사책에 기록하여 영원히 사라지지 않게 하기 위함이다. 지금 사지절 좌중랑장 두경을 시켜 그대에게 승상 무향후의 인수를 주고, 충무후라는 시호를 내리겠노라. 그대 영혼이 있다면 이러한 은총의 영광을 기뻐하리라. 아, 참으로 슬프도다! 아, 참으로 슬프도다!

  일찍이 제갈량이 유선에게 다음과 같은 표를 올린 적이 있었다.

저에게는 성도에 뽕나무 800그루와 메마른 땅 열다섯 이랑이 있습니다. 때문에 제 자손들의 의식은 이것으로 충분합니다. 신이 밖에서 임무를 수행할 때에는 특별히 소비하는 것이 없고, 몸에 필요한 옷과 음식은 모두 관에서 제공하여 특별히 다른 산업을 경영하여 재산을 만들 필요가 조금도 없습니다. 만일 신이 죽었을 때 저희 집안에 남는 비단이 있게 하거나 밖에 다른 재산이 있게 하여 폐하의 은총을 저버리지 않겠습니다.

제갈량이 죽었을 때, 그가 말한 바와 같았다.

정군산定軍山
지금의 섬서성 한중시 면현에서 성남 쪽에 자리잡고 있다. 삼국시대 유명했던 전쟁터로 정군산을 얻으면 한중을 얻을 수 있고, 한중을 얻으면 천하를 평정할 수 있다고 전해지는 요충지이다. 촉나라의 명장인 황충도 이곳에 묻혔다.

 살펴보기

제갈량의 사당과 애도시

제갈량은 임종에 앞서 자신의 시신을 오장원의 정군산에 묻어달라고 당부하고 장완 등에게 후일을 부탁하고 후주 유선에게 다음과 같은 표문을 올렸다.

엎드려 생각하건대, 신은 천성이 둔하고 곧으며 어려운 때를 만나서 북벌을 위해 군사를 일으켰으나 완전한 공을 이루지 못하고 병이 고황에 들어 목숨이 경각에 이르게 되었습니다.

삼가 바라옵건대 폐하께서는 마음을 깨끗이 하시고 욕심을 버리시며 자신을 단속하시고 백성들을 사랑하시어 선제께 효도하시고 천하에 어진 마음을 베푸십시오. 또한 숨은 인재를 발탁하시고 현명하고 선량한 인재들을 천거하시며 간사한 자들을 폐출하시어 풍속을 후하게 하십시오.

후주 유선은 제갈량이 죽자 크게 애통해 하면서 경요 6년(253년)에 조서를 내려 면양에 사당을 세우게 했다. 제갈량의 사당은 전국 도처에 세워졌는데, 그 대표적인 곳으로 면현의 무후사, 성도의 무후사, 백제성의 무후사, 융중의 무후사, 남양의 무후사, 포기의 무후궁, 한중의 무후사, 기산의 무후사, 오장원의 제갈량 묘와 의관총 등이 남아 있다. 또한 숱한 문인 식객들이 제갈량에 대한 애도시를 남겼는데, 다음은 두보가 제갈량의 죽음을 애도한 <애공명哀孔明>이란 시이다.

혜성이 어젯밤 앞 영채에 떨어지더니,
공명이 죽었다는 부음을 알리네.
장막에는 군령 소리 들리지 않고,
기린대 위에는 공훈 세운 이름만 남아 있다네.
문하의 삼천 식객 헛되이 남기고,
가슴속에 십만 군사 저버렸도다.
대낮의 푸르른 그늘 보기 좋아도,
이제는 다시 고상한 노랫소리 없다네.

다음은 백거이가 제갈량의 죽음을 슬퍼하는 <도공명悼孔明>이란 시이다.

선생은 자취를 숨기고 산림에 누웠는데,
현명한 군주는 세 번 찾아와서 만나게 되었네.
물고기 남양에 와서 마침내 물을 얻었고,
용이 하늘에 오르니 바로 큰비 내리네.
유비가 자신의 아들 부탁 간곡한 예를 다하니,
나라에 보답하느라 다시 충과 의를 기울였네.
전후의 출사표 세상에 남기니,
읽는 사람들로 하여금 눈물로 옷깃 적시게 만드네.

11. 제갈량이 만든 비밀 병기와 팔진도, 남긴 문집

제갈량은 선천적으로 교묘한 생각을 지녀 연발식 쇠뇌를 만들었고, 목우와 유마도 모두 그의 생각에서 나온 것이다. 병법을 응용하여 팔진도八陳圖를 만들었는데, 그 요령을 모두 터득했다고 한다. 제갈량이 한 말이나 포고, 편지, 상주문에 볼 만한

목우와 유마를 만들다

것이 많으므로 따로 한 문집으로 엮었다.

경요 6년(263년) 봄, 제갈량을 위해 면양에 사묘祠廟를 세우라는 조서가 있었다. 가을에 위나라 진서장군 종회가 촉나라를 정벌하려고 한천까지 왔을 때 제갈량의 사묘에 제사를 지내고, 군사들에게 제갈량의 무덤 주변에 가축을 방목하거나 나무를 베지 못하게 했다. 제갈량의 동생 제갈균은 관직이 장수교위까지 이르렀고, 제갈량의 아들 제갈첨이 아버지의 작위를 이었다.

제갈씨 집諸葛氏集 목록

개부작목 제일開府作牧第一. 권제 제이權制第二. 남정 제삼南征第三. 북출 제사北出第四. 계산 제오計算第五. 훈려 제육訓厲第六. 종핵상 제칠綜覈上第七. 종핵하 제팔綜覈下第八. 잡언상 제구雜言上第九. 잡언하 제십雜言下第十. 귀화 제십일貴和第十一. 병요 제십이兵要第十二. 전운 제십삼傳運第十三. 여손권서 제십사與孫權書第十四. 여제갈근서 제십오與諸葛瑾書第十五. 여

맹달서 제십륙與孟達書第十六. 페이펑 제십칠廢李平第十七. 법검상 제십팔法檢上第十八. 법검하 제십구法檢下第十九. 과령상 제이십科令上第二十. 과령하 제이십일科令下第二十一. 군령상 제이십이軍令上第二十二. 군령중 제이십삼軍令中第二十三. 군령하 제이십사軍令下第二十四.

위의 스물네 편은 모두 10만 4,112 글자이다.

신臣 진수陳壽 등이 아룁니다. 신이 전에 저작랑일 때 시중 영중서감 제북후 순욱과 중서령 관내후 화교가 상주하여 신으로 하여금 촉나라 승상 제갈량의 사적을 정리하도록 하였습니다. 제갈량은 위기에 처한 나라를 보좌하며 요충지에 의지하고 위나라에 투항하지 않았습니다.

그러나 오히려 그 말을 보존하여 기록하고, 좋은 말이 유실됨이 있음을 부끄럽게 여기니 이는 확실히 위대한 진晉 왕조의 광명이며 은덕이 지극하여 천하에 미친 결과로써 예로부터 이와 견줄 만한 왕조는 없었습니다. 겹치는 것을 빼고 같은 종류의 문장을 나란히 놓아 총

스물네 편으로 정리했는데 편명은 위와 같습니다.

살펴보기

제갈량의 발명품
-제갈노, 목우, 유마, 만두, 공명등, 팔진도

제갈량은 '선천적으로 교묘한 생각을 지녀 연발식 쇠노를 만들었고, 목우와 유마도 모두 그의 생각에서 나온 것이다. 병법을 응용하여 팔진도를 만들었는데, 그 요령을 모두 터득했다.'고 한다. 연발식 쇠노는 일명 '제갈노諸葛弩'라고 부르는데, 원래 '원융노元戎弩'를 개량한 것으로 짧은 시간 안에 열 발의 쇠뇌를 발사할 수 있는 강력한 무기이다.

목우는 《촉서》 <후주전>에 '9년(231년) 봄 2월에 제갈량은 다시 군사를 내어 기산을 포위했고, 처음으로 군량을 목우로 수송했다.'는 기록이 나온다.

송나라의 진사도陳師道는 《담총》에서 다음과 같이

말했다.

"촉한에는 작은 수레가 있는데, 한 명이 밀고 8섬을 실으며 앞쪽은 소머리 같다. 또 큰 수레가 있는데 네 명이 밀며 10섬을 싣는다. 통칭하여 목우유마라고 한다."

《삼국지연의》에는 또 다음과 같은 기록이 있다.

하루는 장사 양의가 찾아와서 말하였다.

"지금 군량미는 모두 검각에 있는데 인부와 말, 소로 운송하기가 대단히 어렵습니다. 어떻게 하면 좋을까요?"

제갈량이 웃으면서 대답하였다.

"내가 이미 대책을 세워두었다. 앞에 쌓아놓은 목재와 서천에서 가져온 큰 목재가 있으니, 사람들에게 목우와 유마를 제조하여 군량미를 운송하면 대단히 편리할 것이다. 목우와 유마는 먹이를 주지 않아도 되니 밤낮으로 운송할 수 있다."

이를 들은 사람들이 크게 놀라 다음과 같이 되물었다.

"자고로 지금까지 목우와 유마에 대한 일을 들을 수가 없었는데, 지금 승상께서 무슨 교묘한 방법으로 그와 같은 기이한 기계를 만들 수 있습니까?"

"내가 이전에 사람들로 하여금 목우와 유마를 만들라고 하였으나, 완벽하게 만들지는 못하였다. 그러나 지금 내가 목우와 유마의 정확한 치수와 방법을 써서 알려주겠으니, 너희들은 기다렸다가 보아라."
라고 제갈량이 말하였다.

목우와 유마의 자세한 형태에 대해 조희천이 번역한 《제갈량문집》에는 다음과 같이 소상하게 적혀 있다.

목우의 차체는 사각이고 머리 부분은 구부정하며 바퀴 하나에 네 개의 받침기둥이 있고 앞머리는 멍에 아래에 있으며 제동장치는 차체에 바싹 붙어 있다. 많이 실으면 천천히 가므로 큰 짐을 싣기에 적합하고 작은 짐을 싣기에는 적합하지 않다. 혼자서 가면 하루에 수십 리를 가지만 떼를 지어 가면 하루에 20리를 간다.

굽은 것은 소의 머리라 하고 받침기둥은 소의 다리

라 한다. 멍에는 소의 목이라 하고 굴러가는 바퀴는 소의 발이라 한다. 덮는 것은 소의 등이라 하고 모난 것은 소의 배라 한다. 차체 옆에 드리워진 것은 소의 혀라 하고 차체 밖의 굽은 것은 소의 옆구리라 한다. 손잡이는 홈에 판 것은 소의 이빨이라 하고 곧은 막대기는 소의 뿔이라 한다. 가는 띠는 소의 가슴걸이라 하고 수레를 끄는 밧줄은 소의 후걸이라 한다.

수레를 모는 사람은 두 개의 끌채를 손잡이로 삼는데 사람이 여섯 걸음을 나가면 목우의 바퀴는 네 번 돈다. 한 사람의 1년 식량을 싣고 하루에 20리를 가도 사람이 지칠 줄 모른다.

유마의 치수는 옆구리의 길이가 3자 5치이고 너비가 3치며 두께가 2치 2푼인데 왼쪽과 오른쪽이 같다. 앞축 구멍의 먹줄은 옆구리에서 4치 떨어져 있고 직경은 2치이다. 앞바퀴 구멍의 먹줄은 앞축 구멍과 4치 5푼 떨어져 있고 구멍의 길이는 2치이며 너비는 1치이다.

앞의 막대기 구멍은 바퀴구멍 먹줄과 2치 7푼 떨어

져 있고 구멍의 길이는 2치이며 너비는 1치이다. 뒤축 구멍은 앞의 막대기 구멍과 같다. 뒷다리 구멍의 먹줄은 뒤축 구멍과 3치 5푼 떨어져 있고 구멍의 크기는 앞의 막대기 구멍과 같다.

뒤의 막대기 구멍은 뒷다리 구멍의 먹줄과 2치 7푼 떨어져 있다. 뒷부분의 제동장치는 뒤의 막대기 구멍의 먹줄과 4치 5푼 떨어져 있다. 앞의 막대기 길이는 1자 8치이고 너비는 2치이며 두께는 1자 5푼이다. 뒤의 막대기는 앞의 막대기와 같다.

장방형의 나무상자는 둘이고 널빤지의 두께는 8푼이다. 상자의 길이는 2자 7치이고 높이는 1자 6치 5푼이며 너비는 1자 6치이고 각각의 나무상자에는 쌀 2곡 3두를 담을 수 있다.

위의 막대기 구멍은 아래의 막대기 구멍 먹줄로부터 1자 3치 떨어져 있고 길이는 1치 5푼이며 너비는 7푼이다. 막대기 구멍은 8개의 크기가 똑같다.

앞뒤의 네 다리는 각기 너비가 2치이고 두께가 1치 5푼이며 형상은 코끼리 다리 같은데 길이는 4치이고 경면俓面은 4치 3푼이다. 다리 구멍 안에 있는 두 개의 다리 막대기는 길이가 2자 1치이고 너비가 1치 5푼이며 두께가 1치 4푼이다. 두 다리의 막대기 크기는 같다.

이 외에도 제갈량은 만두饅頭를 발명했다고 전한다. 즉 제갈량이 군사를 이끌고 남방의 맹획 등을 정벌하고 돌아오다가 노수의 물결이 거세서 건너지 못하고 있었다. 현지의 신통한 사람에게 그 까닭을 물으니, 이번 정벌로 죽은 남방 병사들의 원혼들이 노수에 실려서 그러하니, 49명의 사람을 죽여 그 머리를 가지고 제사를 지내면 무사하게 노수를 건널 수가 있다고 알려주었다고 한다. 이때 제갈량은 차마 사람을 죽여서 그 머리를 가지고 제사를 지낼 수가 없어서 사람 머리 형상의 만두를 만들어 제사 지내고 노수를 건널 수가 있었다고 한다. 이를 계기로 만두가 전국적으로 유행했다고 한다.

또 운남성의 곤명 등 남부 일부 도시에서는 아직도 부엌칼을 제갈도諸葛刀라 하는데, 제갈량이 남방을 평정하자 군도를 모두 거두어 이를 녹여 평화스런 부억칼로 만들어 백성들에게 나누어준 데서 비롯되었다고 한다.

공명등孔明燈은 일명 천등天燈으로 알려지는데, 제갈량이 사마의에 의해 양평에서 포위되었을 때에 연락병을 성 밖으로 보내 지원군을 요청할 수가 없었다. 이에 공명이 풍향을 보고 종이로 연등을 만들어 외부로 지원을 요청하는 소식을 알려서 포위망을 뚫고 위험에서 벗어났다고 한다. 그래서 후세 사람들은 이를 공명등이라고 한다. 또 다른 설로 연등의 외부에 제갈공명이 쓴 모자를 그려서 공명등이라고도 한다.

그리고 제갈량의 발명 중에서 가장 세인의 이목을 끈 것은 팔진도이다. 원래 팔진도는 상고시대부터 전해지던 것으로 여덟 가지 형태의 병진兵陣을 말하는 것이다. 즉, 천天·지地·풍風·운雲·호익虎翼·사반蛇蟠·비룡飛龍·조상鳥翔 등이 있는데, 그중에 천·지·풍·운은 '사정四正'이라고 하고, 용·호·조·사는 '사기四奇'라고 한다. 세간에 전해져 오는 팔진은 풍후風后의 팔진, 손무자의 팔진, 오기의 팔진, 제갈량의 팔진도가 있다.

그중에서 가장 유명한 것은 제갈량의 팔진도로《이위공문대중》에는 제갈량의 팔진은 동당洞當·중황中黃·용등龍騰·조비鳥飛·호익虎翼·연횡連衡·절충折衝·악기握機 등을 이르는 것이며, 그 위에 중군中軍에 모두 9개의 대진大陣이 있다고 한다. 그리고 중군에 16개의 소진小陣이 있으며 주위에 팔진八陣은 각기 6개의 소진으로 조성되었다고 한다. 이 밖에 24진이 후방에 배치되고 기민하게 쓰이며 전해오는 말에 의하면 팔진에는 356종의 변화가 있다고 한다. 당나라 이정의 육화진六花陣은 제갈량의 팔진도를 모방하여 만든 진법으로 알려져 있다.

팔진도의 유적지에 대한 설이 분분하지만《진서晉書》<환온열전>에 '어복포魚腹浦 평사平沙 아래에 돌을 쌓아 팔항八行을 만들었는데 각 항 사이의 거리는 두 길이다.'라고 한 대목이 있다. 이는 제갈량이 유비가 오나라 정벌에 실패하자 오나라 군대의 추격을 막기 위해 만든 방어진이었다. 송나라 대문인인 소식은 <팔진의 모래밭>이란 시를 지었는데, 아마도 어복포의 팔진에 관한 것이라고 추측된다. 즉,

평평한 모래밭 어찌 그리도 드넓은가
마치 늘어선 품석을 보는 것 같다네
해마다 모래와 물이 조금씩 갉아먹었고
제갈공명은 죽은 지 이미 오래되었는데
그 누가 더 이상 그 행렬을 알아볼까나
신묘한 방법은 배워서 아는 게 아니니
옛날부터 그 비결이 전해 온 것이 아니라네
……세월은 별안간에 지나가 버리고
하루아침에 영기英氣가 다 꺾여
오직 하나 팔진도만 이렇게 남아서
기주 협곡을 천고에 웅장하게 하였도다

팔진도에 대해서 당나라 시인 두보가 다음과 같은 시를 지었다.

제갈량의 공적은 삼국 중 으뜸이요,
그의 명성은 팔진도로 더욱 높아졌구나.
강물은 흘러도 팔진도의 돌은 구르지 않았으니,
오나라를 치지 못했음이 한으로 남도다.

이 밖에도 제갈고諸葛鼓라 불리는 쇠북이 있는데, 이것은 전시에는 전고戰鼓로 쓰고 평시에는 엎어서 솥으로 쓰며, 잠잘 때는 베고 자 멀리서 달려오는 말발굽 소리를 감지하는 레이더 구실을 하게 만들어져 있다. 또 사천성에서는 무를 제갈채諸葛菜라고 부르는데, 이는 제갈량이 전진戰陣에서 성에 주둔할 때 맨 먼저 시키는 일이 군량으로서 십상인 무를 심는 일이었다. 그에 의하면 무에는 일곱 가지 장점인 칠장七長이 있는데 싹이 나자마자 날로 먹을 수 있다, 먹을수록 자란다, 오래될수록 번식한다, 버리고 가도 아깝지 않다, 겨울에도 잘 자란다, 다른 채소에 비해 먹는 방법 등이 다양하다는 것이었다.

12. 제갈량의 업적

　　제갈량은 어려서부터 출중한 재능과 영웅다운 기백을 지니고 있었다. 키는 여덟 척이며 용모는 매우 비범하여 당시 그때 사람들은 그를 범상치 않은 인물로 평가했다. 작은아버지 제갈현을 따라 난리를 피해 형주로 가서 몸소 들에서 밭을 갈며 입신양명을 바라지 않았다. 그때 좌장군 유비가 제갈량을 특수한 재능을 갖춘 인물이라 생각하고, 곧 오두막에 있는 제갈량을 세 번 찾아갔다.

　제갈량은 유비의 영웅다운 자태와 기개에 깊이 감동을 받아 마음을 열고 진심을 털어놓아 서로 두터운 정을 맺게 되었다. 조조가 남쪽 형주로 정벌하러 갔을 때, 유종이 주州를 바치고 투항하였으므로 유비는 힘을 잃고 병력이 적어 발붙일 곳이 없었다. 제갈량은 이때 스물일곱 살이었지만 기이한 계책을 세워 몸소 손권에게 사자로 가서 오나라에 구원을 요청했다. 손권은 전부터 가슴 깊이 유비를 존경하고 또 제갈량의 기이한 재능과 고아한 풍채에 감복하여 곧장 병사 3만 명을 내어 유비를 도왔다. 유비는 얻은 병사로 조조와 싸워 위나라 군대를 크게 무찔렀으며, 유리한 형세를 타고 승리하여 장강 남쪽 지역을 평정했다.

뒤에 유비는 또 서쪽으로 진군하여 익주를 빼앗았다. 익주를 평정하고는 제갈량을 군사장군으로 임명했다. 유비는 황제라 일컫고 제갈량을 승상으로 제수했으며, 녹상서사로 임명했다. 유비가 죽자, 뒤를 이어 유선이 어리고 약하므로 대소사를 막론하고 모두 제갈량이 결정하게 되었다.

그리고 밖으로는 동오東吳와 동맹을 맺고 안으로는 남월南越을 평정하였으며, 법령과 제도를 만들고, 군대를 정비하고 기계를 만드는 기술은 정묘한 수준까지 이르기를 추구했다. 법령이 엄격하고 분명하며, 악한 일은 반드시 징계하고 착한 일은 꼭 표창하였다.

관리로는 간교한 사람을 용납하지 않았고, 사람들은 스스로 힘쓰며 길에 떨어져 있는 것을 줍지 않고 약자를 침해하지 않도록 하여 사회를 안정시키고 질서가 있게 만들었다.

이때 제갈량의 숙원은 나아가서는 용이 날아오르고 호랑이가 주시하는 것처럼 천하를 통일하는 것이었고, 물러나서는 변방을 공격하고 천하를 뒤흔들어놓는 것이었다. 또 자신이 죽은 뒤에 중원으로 진출하고 위나라에 대항하는 자가 없게 될 것이라고 생각했다. 이 때문에 용병을 멈추지 않고 여러 차례 그의 무력을 과시했다.

그러나 제갈량의 재능은 군대를 다스리는 데는 뛰어났지만 기이한 계책이라는 점에서는 부족했으며, 백성을 다스리는 재간이 군사를 지휘하는 재능보다 뛰어났다. 그와 대적한 사람 가운데 어떤 이는 당대의 걸출한 인물이었고, 게다가 중과부적하고, 공격과 방어하는 것 두 가지 일이 있으므로 비록 해마다 출병했을지라도 승리할 수는 없었다.

과거 소하蕭何*는 한신韓信*을 추천하였고 관중管

仲*은 왕자성보王子城父*를 천거했는데, 모두 자기 장점만을 헤아리고 각 방면의 재능을 겸하지 못했기 때문이다. 제갈량의 재능과 정치 수완은 대체로 관중과 소하에 비길 만하지만, 그때의 명장 중에는 왕자성보와 한신 같은 이가 없었으므로 공이 좌절된 것이지 대의가 미치지 못해서이겠는가? 아마 천명이 정한 바가 있어 지혜와 능력으로 다투기가 불가능했던 듯하다.

청룡 2년(234년) 봄에 제갈량은 병력을 인솔하여 무공으로 출격하여 일부분의 병사들에게 둔전을 하도록 하여 오랫동안 주둔한 기지를 만들었다.

그해 가을에 제갈량은 질병으로 세상을 떠났고, 백성은 그를 추모하여 그 사적을 전하여 찬송했는데, 오늘날까지 양주와 익주의 백성으로서 제갈량을 칭찬하는 자는 그 말이 마치 귀에 남아 있는 듯이 말한다.

다음은 제갈량에 대해서 진수가 올린 상소문의 일부이다.

비록 《시경》 <감당>에서 소공을 칭송하고 정나라

사람은 자산을 노래했지만 비유한 것이 이것과 멀지 않습니다. 맹가孟軻는 "편안한 방법으로 백성을 부리면 비록 수고스럽더라도 원망하지 않으며, 살리는 방법으로 사람들을 주살하면 비록 죽어도 성내지 않는다."라고 하였습니다. 이것은 참으로 그렇습니다! 논의하는 자 중에 혹은 제갈량의 문장이 아름답지 않고 정녕 주도면밀함이 지나치다고 비평하기도 합니다.

신이 생각하기로 구요*는 위대한 현인이고 주공*은 성인인데, 그들은 《상서》에 의거하여 살펴보면 구요의 계책은 간략하고 전아하며 주공의 고계誥戒는 번다하고 상세합니다. 무엇 때문입니까? 구요는 순, 우와 담소를 나누었고 주공은 신하들과 맹세하는 말을 했기 때문입니다. 제갈량이 말한 대상은 모두 대중과 평범한 사람들이었기 때문에 문장에서 그 심오함을 추구할 수 없었던 것입니다. 그러나 그의 가르침이나 유언은 모두 일에 바르게 대처하고 있으며 공정하고 진실한 마음이 그 문장에 보이니, 그 안에서 제갈량의 사상과 의도를 충분히 알 수 있고 당대에도 도움이 되는 점이 있습니다.

엎드려 생각하건대 폐하께서 고대 성왕을 본받아 호탕하여 꺼리는 바가 없으셔서 비록 적국이 비방하는 말을 할지라도 보존하여 바꾸거나 피한 것이 없이 크게 통달한 도리를 밝혔습니다. 신은 삼가 제갈량의 저작을 초록하여 위의 것을 저작국에 주었습니다. 신 진수는 진실로 황송하고 두렵습니다. 폐하께 머리를 조아리고 다시 조아립니다. 죽을죄를 저질렀습니다.

　태시 10년(274년) 2월 1일 계사 평양후 상신 진수가 올립니다.

소하蕭何
한漢의 책사로 개국공신이자 초대 재상을 지냈다. 한신, 장량과 함께 '한삼걸漢三杰'이라고 불려진다.

한신韓信
한나라의 대장군. 회음淮陰 출생으로 처음에 항우에게 발탁되었으나 중용되지 않자 한고조 유방에게 투항하여 큰 공을 세우고 제왕齊王과 초왕楚王의 지위에까지 올랐으나 한제국의 권력이 확립된 후 주살되었다.

관중管仲
이름은 이오夷吾. 영상潁上 사람이다. 제나라 환공桓公의 개혁 추진을 도와 제나라를 춘추시대 가장 막강한 맹주盟主로 만들었다.

왕자성보王子城父
기원전 658~?, 춘추시대의 저명한 제나라 장수.

구요咎繇
중국 순임금 때 형벌을 맡았던 관원 고요皐陶를 말함.

주공周公
성은 희姬, 이름은 단旦, 문왕의 아들. 무왕을 도와 은나라를 정복하고 주周나라를 세우는데 큰 공을 세우고 국가의 기틀을 다짐.

 살펴보기

소공과 자산

진수는 제갈량의 업적을 소공召公과 자산子産이 쌓은 업적과 견주어도 될 정도로 높이 평가했다. 소공과 자산은 각기 주나라 초기와 말기의 뛰어난 정치가이다.

먼저 소공을 살펴보면 그의 성은 희姬, 이름은 석奭으로 주나라 문왕의 아들이자 무왕의 동생이었다. 그는 무왕을 도와 은나라를 멸망시키고 주나라를 건국하는데 큰 공을 세워 연(지금의 하북 북부)을 분봉(중국에서, 천자가 땅을 나누어서 제후를 봉하던 일)받아 연나라의 시조가 되었다. 애초에 소(섬서성 기산 남쪽) 지방을 채읍采邑으로 삼았기 때문에 소공 혹은 소백, 소공석, 소강공, 주소공 등으로 불렸다.

그는 주나라 성왕 때에 태보의 직책을 맡아 삼공의 지위에 올랐다. 그는 주나라 문왕 때부터 강왕에 이르기까지 4대에 걸쳐 정사를 돌보았다. 처음에 무왕이 죽고 나이 어린 성왕이 즉위하자 주공 단과 함께 그를 잘 보필하여 주나라의 기틀을 확립하는데 큰 공을 세웠다. 당시 소공과 주공은 섬(지금의 하남 섬현陝縣)을 기준으로 각각 동서로 나누어 다스렸는데, 주공은 낙읍(지금의 하남성 낙양)에 머물면서 동쪽 지역을 다스리고, 소공은 그 나머지 서쪽 지역을 다스렸다고 한다. 소공이 다스렸던 지역에서는 제후부터 서민까지 모두 자기 할 일을 가지고 실직자가 없다고 할 정도로 잘 다스려졌다고 전해진다.

그는 항시 곳곳을 순시하며 백성들의 어려움을 살폈는데, 특히 감당나무(팥배나무) 아래에서 백성의 송사를 듣고 공정하게 해결해 주었다고 한다. 그래서 후대에도 사람들이 소공을 대하듯 그 나무를 대하며 그의 선정을 기렸다고 한다. 여기에서 어진 정치를 펼친 사람을 그리워하는 마음을 나타내는 '감당지애', '감당유애' 등의 성어가 생겼다. 그리고 《시경》에 다음과 같은 민요가 실려 있다.

우거진 저 감당나무 자르지도 말고 베지도 마십시오.

소백께서 지내셨던 곳입니다.
우거진 저 감당나무 자르지도 말고 꺾지도 마십시오.
소백께서 쉬셨던 곳입니다.
우거진 저 감당나무 자르지도 말고 휘지도 마십시오.
소백께서 즐기셨던 곳입니다.

자산은 중국 주나라 말기인 춘추시대에 정나라의 정치가이다. 성은 공손, 이름은 교. 자는 자산 혹은 자미라고 한다. 정나라의 귀족으로 공자와 같은 시대에 살았다. 그는 정나라 목공의 손자이기 때문에 공손교 혹은 정자산이라고도 불렸다. 자국子國의 아들이다. 그는 정나라 간공 때에 경卿이 되었고, BC 553년에서 522년까지 정나라의 국정을 주도하여 당시 최고의 정치가가 되었다.

집정 기간 중에 대외적으로 북방의 강대한 진晉나라와 남방의 대국인 초나라 사이에 낀 정나라는 자주 난감한 처지에 빠졌다. 그는 자신의 박학다식한 지식과 웅변으로써 진·초 두 나라에 대한 공납의 부담을 줄이는 한편 두 나라의 세력 균형을 이용하여 전쟁이 일어나지 않도록 하고 일시적인 평화를 누리도록 만들었다.

또 대내적으로 국내의 농지를 정리·개척하여 토지세를 징수함으로써 국가경제를 부흥시켰다. 그는 또 국내 귀족의 항쟁을 방지하기 위한 새로운 법률을 만들고 중국 최초의 성문법을 완성하여 법치주의에 의한 통치를 실현시키려고 했다. 자산은 기본적으로 관대한 정치로 백성을 굴복시키고, 때로는 엄한 정치로 국민들을 굴복시켜야 한다는 두 가지 입장을 견지했다. 이러한 일련의 개혁정책들은 시행 초기에 백성들과 주변 사람들로부터 많은 원망과 비난을 받기도 하였다. 그러나 자산은 이 길만이 정나라를 구할 수 있다는 굳은 신념으로 이상의 조치들을 꾸준히 시행해 나갔다. 그 결과 시간이 지날수록 그 개혁 조치들은 조금씩 효과를 거두게 되었다.

《춘추》에는 그가 정치한 지 1년 만에 대중들이 다음과 같은 노래를 불렀다고 한다.

우리의 의관을 못 입게 하여 저장하게 하고,

우리의 경작지를 제멋대로 정리하고는
우리에게 반班을 짜라 했네.
누가 공자 자산을 죽인다면야,
내 그 편을 들어주려네.

그러나 3년에 되자 사람들은 다시 다음과 같은 노래를 지었다고 한다.

우리에게 자제가 있고,
공자 자산이 그들을 잘도 가르쳤다네.
우리에게 논밭 있으니,
그건 다 공자 자산이 불리어준 걸세,
공자 자산이 죽는다면 누가 그 뒤를 이을까?

사마천은 《사기》에서 자산의 정치에 대해 다음과 같이 기술했다.

"자산이 재상이 되어 1년 후에는 어린이들은 못된 장난을 하지 않았다. 또 한창때인 장년은 일에 열중하였으므로 노인이나 아이들은 중노동을 하지 않고도 살아갈 수 있었다. 2년 후에는 외상으로 물건을 파는 사람이 없어졌다. 3년 후에는 밤이 되어도 문단속을 하는 집이 없어졌으며, 또 길거리에 떨어진 물건을 줍는 일이 없어졌다. 4년 후에는 농민이 농기구를 논밭에 둔 채로 집에 돌아와도 안심하게 되었다. 5년 후에는 몸은 군역에서 해방되고 또 복상服喪의 기간은 어김없이 지키게 되었다."

이것은 자산이 개혁정치를 시행한 이후 정나라는 어느덧 사회질서가 어김없이 지켜지고 사람들이 태평세월을 구가하게 되었다는 것을 의미한다.

그리고 예부터 내려왔던 점과 무당 등을 통해 하늘의 뜻을 받들어 정치적 결정을 내리는데서 탈피해 법을 토대로 하여 합리주의적으로 국가를 통치하자고 주장했다. 이러한 합리주의 사상은 덕치德治를 주장했던 공자나 예치禮治를 주장했던 순자, 법치法治를 주장했던 한비자 등에게 큰 영향을 끼쳤다.

공자는 젊은 시절에 정나라를 방문하여 친히 자산을 만난 적이 있었고, 그는 자산의 인격과 재능을 높이 평가하고 극도의 존경을 표하였다. 《논어》에서 공자는 자산에 대하여 <공야장> 편에서 다음과 같이 평했다.

"자산에게는 군자다운 점이 네 가지가 있었으니 자기가 일을 행할 때는 공손했으며, 윗사람을 섬길 때는 공경하는 마음으로 했으며, 백성들을 다스릴 때는 은혜를 베풀었고, 또한 의를 행하게 하였다."

BC 523년, 자산은 세상을 떠났다.

13. 제갈량의 친척과 후손

제갈량 상

제갈교는 자가 백송으로 제갈량의 형 제갈근의 둘째아들로서, 본래 자는 중신이다. 형 제갈원손과 더불어 그때 당시 명망이 있었는데, 사람들은 제갈교의 재능은 형에 미치지 못하지만 성품은 그를 뛰어넘는다고 말했다. 이전에 제갈량에게 아직 자식이 없을 때 손권의 허락을 받고 제갈교로 하여금 제갈량의 뒤를 잇도록 서쪽으로 보냈으므로 제갈량은 제갈교를 자신의 맏아들로 여겨 그의 자字를 바꾸었다. 제갈교는 부마도위에 임명되어 제갈량을 따라 한중에 이르렀다. 건흥 6년(228년)에 스물다섯 살로 세상을 떠났다.

제갈교의 아들인 제갈반은 관직이 행호군익무장군까지 이르렀으나 역시 일찍이 죽었다. 제갈각이 오나라에서 주살 당하자 자손이 모두 죽었지만, 제갈량은 자신의 후대가 있으므로 제갈반은 오나라로 돌아와 다시 제갈근의 후예가 되었다.

제갈량의 친아들인 제갈첨은 자가 사원이다. 건흥 12년(234년)에 제갈량이 무공으로 출전할 때, 형 제갈근에게 편지를 써서 말했다.

제갈첨은 지금 벌써 여덟 살이 되었고 총명하고 사랑스런 아이인데, 그가 너무 조숙하

제갈첨

여 국가의 동량이 되는 인재가 되지 못할까 봐 걱정입니다.

제갈첨은 열일곱 살 때 공주를 아내로 맞이하고 기도위로 임명되었다. 그 다음 해 우림중랑장이 되었으며 여러 차례 승진하여 야성교위, 시중, 상서복야가 되었고 군사장군을 더했다. 제갈첨은 서화에 뛰어나고 기억력이 좋았으므로 촉나라 사람들은 제갈량을 떠올리며 모두 제갈첨의 재능과 총명함을 아꼈다. 늘 조정에서 좋은 정책과 일이 생기면 설령 제갈첨이 건의하여 만든 것이 아니더라도 백성들은 모두 서로 전하며 말했다.
"갈후葛侯가 만든 것이다."
이 때문에 아름다운 명성과 과분한 명예가 제갈첨의 실제 행위를 넘어서게 되었다.

경요 4년(261년), 제갈첨은 행도호위장군이 되고 보국대장군 남향후 동궐과 함께 평상서사가 되었다.

6년(263년) 겨울, 위나라 정서장군 등애가 촉을 공격하여 음평으로부터 경곡도를 거쳐 쳐들어왔다. 제갈첨은 병사들을 이끌고 부현까지 와서 주둔했는데, 선봉대가 패하였으므로 군사를 돌려 돌아와 면죽에 주둔했다. 등애는 편지를 보내 제갈첨을 회유하며 말했다.

제갈첨, 등애와 싸우다

당신이 만약 항복하면 나는 반드시 표문을 올려 당신을 낭야왕으로 삼도록 하겠다.

이 편지를 보고 제갈첨은 매우 화가 나서 등애가 보낸 사신의 목을 베었다. 제갈첨과 등애는 곧 전투를 벌였는데, 제갈첨이 크게 패배하고 전장에서 죽었는데, 그때 나이가 서른일곱이었다. 촉나라 병력은 모두 괴멸되어 뿔뿔이 흩어지고 등애는 계속 진군하여 성도에 이르렀다. 제갈첨의 맏아들 제갈상도 제갈첨과 함께 죽었다. 작은아들 제갈경과 제갈반의 아들 제갈현 등은 모두 함희 원년(264년)에 하동으로 옮겨갔다.

동궐은 제갈량이 승상일 때 그 막부의 영사로 있었다. 제갈량은 그를 칭찬하여 말했다.

"동 영사는 훌륭한 인물입니다. 내가 그와 얘기할 때마다 늘 사려 깊고 타당합니다."

그리고 동궐을 주부로 전임시켰다. 제갈량이 죽은 뒤 동궐은 점차 승진하여 상서복야까지 이르렀으며 진지 대신 상서령이 되었다가 대장군, 평대사가 되었고, 의양 출신 번건이 대신 상서령이 되었다.

연희 14년(251년) 번건은 교위로서 오나라에 사자로 갔는데, 마침 손권이 질병을 심하게 앓고 있으므로 직접 접견하지 않았다. 손권이 제갈각에게 물었다.

"번건을 종예와 비교해 보면 어떤가?"

제갈각이 대답하여 말했다.

"재능은 종예보다 못하지만 고아한 품성은 그를 뛰어넘습니다."

뒤에 번건은 시중이 되었다가 상서령이 되었다. 제갈첨과 동궐과 번건이 정사를 주관하고 강유가 늘 밖에서 정벌한 이래로 환관 황호가 정치 실권을 몰래 훔쳐 농간을 부렸는데, 제갈첨 등 모두 그를 보호하여 잘못을 바로잡아 줄 수 없었다. 그러나 번건만은 황호와 우호적으로 왕래하지 않았다. 촉이 점령당한 다음 해 봄에 동궐과 번건은 함께 경도로 와서 상국참군이 되었다. 그해 가을에 함께 산기상시를 겸하여 사자로 나가 촉나라 사람들을 위로했다.

살펴보기

제갈량이 자손들에게 남긴 글과 제갈각의 최후

제갈량의 큰형인 제갈근은 일찍이 오나라로 들어가서 손권의 총애를 받아서 관직이 대장군에 이르렀고, 제갈량의 사촌동생인 제갈탄은 일찍이 조조에게 투항하여 위나라에서 대장이 되었다. 제갈량 또한 촉에서 승상을 지냈으니, 제갈량의 가문과 친척은 모두 3국에서 중시했다는 것을 알 수 있다.

제갈량이 46세 때에 아들 제갈첨이 태어났다. 제갈량이 세상을 떠났을 때, 제갈첨은 겨우 8세였지만 그는 어려서부터 총명하고 지혜가 많았고 아버지를 닮아 서화에 능하고 기억력이 남달랐다고 한다. 장성해서 그는 군관으로부터 시작하여 제갈량이 맡았던 군사장군에 임명되었고, 훗날에 관직은 위장군에 이르렀고 촉나라 국정을 장악했다.

그러나 위나라 장수 등애가 촉나라를 토벌하러 오자 제갈첨은 군대를 이끌고 항거했지만 면죽에서 전사했다. 이때에 제갈첨의 아들인 제갈상은 17세였는데, 제갈첨와 함께 전사하고 둘째아들인 제갈경은 나이가 어린 탓에 전쟁에 참여하지 않아서 다행히 목숨을 부지했다고 한다.

진晉나라가 삼국을 통일한 후에 제갈경은 조정에서 중원 일대로 이주시켜 관리로 삼았다. 그는 관중 지역의 미현 현령이 되었는데, 잘 다스렸다고 한다. 그러나 아이러니하게도 미현은 과거 그의 할아버지인 제갈량이 북벌에 나서서 여러 차례 공격하였으나 얻을 수 없었던 곳이었다. 아마도 제갈량은 자신의 손자가 이곳을 다스리게 될 줄은 상상도 하지 못했을 것이다.

이후 제갈경은 승진을 거듭하여 최후에는 강주의 자사가 되었다. 제갈경 이후 그 후손은 역사책에 등장하지 않는다. 그리고 제갈탄은 사마씨에 의해서 죽었는데, 그의 아들인 제갈정은 살아남았다고 한다. 이들이 제갈 가문의 명맥을 이어주었는데, 제갈 가문의 후손들은 뒤에 전국 각지로 흩어졌는데, 산동 임기와 절강 난계에 제갈씨의 집성촌이 유명하다.

특히 절강 난계의 제갈씨 후손들은 명나라 이후 조정에 출사하지 않고, 한약업과 한의사로 종사하여 '난계약방'으로 불렸는데, 전국적으로 알려져 있다. 동시에 제갈촌은 태극도에 의거하여 화려하고 정교한 건축물을 남겨서 제갈량을 좋아하는 관광객들이 즐겨 찾는 곳이 되었다.

제갈근의 아들이자 제갈량의 조카인 제갈각은 어렸을 때부터 신동으로 알려져 있다. 그래서 어떤 사람들은 그의 재능을 시험하고 싶어서 고의로 어려운 문제를 출제하는데, 그때마다 제갈각은 재치 있게 답변하여 주위 사람들의 찬사를 받았다.

한 번은 손권이 그가 소문대로 총명한지를 직접 시험하고 싶었다. 그래서 수하에게 한 마리의 당나귀를 가져오게 한 다음, 종이 위에 '제갈자유'라는 글을 써서 당나귀의 얼굴에 붙였다. '제갈자유'는 제갈각의 부친인 제갈근의 자字로 그의 생김새가 당나귀와 몹시 닮았기 때문이었다. 이 광경을 본 대신들은 모두 웃기 시작했다. 그때 제갈각은 손권의 곁으로 가서 공손히 붓을 빌려서 당나귀의 얼굴에 써 붙인 '제갈자유' 옆에 '지려之驢'라고 썼다. 즉 '제갈자유의 당나귀'라는 뜻으로 바꿨다. 이 일은 제갈 부자에게 치욕적인 일이었지만 제갈각이 다시 글자를 덧붙이고 나서 익살스럽게 변했다. 손권도 미안한 탓에 멋쩍게 웃으면서 그에게 당나귀를 선사했다. 또 손권을 만났는데, 그는 제갈각에게 다음과 같이 물어보았다.

"너의 아버지 제갈근과 숙부인 제갈량 중에 누가 더 재능이 있는가?"

이에 제갈각은 자신의 아버지가 더 재능이 있다고 대답하고 그 이유를 말하였다.

"저의 부친은 누굴 위해서 일을 할 줄 알고, 저의 숙부는 이를 알지 못하니 제가 생각하기에 나의 부친이 더욱 재능이 있는 것 같습니다."

이에 손권은 은연중에 자신을 치켜세워주는 말이라는 것을 알고 기뻐했다고 한다.

제갈각에 관한 일화는 많이 전해져 내려온다. 하루는 손권과 제갈근, 장소 등의 대신들이 국사를 의논하고 있는데, 제갈각도 그 자리에 동석하고 있었다. 그때 갑자기 한 무리의 흰색의 새들이 날아 들어왔다. 손권은 처음 보는 새들이라 제갈각에게 물었다.

"자네, 저 새들의 이름이 무엇인지 알겠는가?"

제갈각은 바로 대답했다.

"이 새는 백두옹白頭翁입니다."

그 자리에 있던 사람 중에 나이가 많은 사람이 장소였고, 또 공교롭게도 그의 머리가 백발이었다. 그는 제갈각이 자신을 희롱하는 것으로 여기고 손권에게 말했다.

"폐하, 제갈각이 폐하를 속이고 있습니다! 예부터 백두옹이라는 새가 있다는 말을 들어본 적이 없습니다. 정말 백두옹이 있다면 백두모白頭母도 있어야 할 것이 아닙니까?"

그러자 제갈각이 이렇게 반박했다.

"앵모鸚母라는 새가 있다는 것은 누구나 다 알고 있는 사실입니다. 그렇다고 그와 대칭이 되는 앵부鸚父가 있어야 한다는 이치는 어디 있습니까? 장군께서는 그런 새를 본 적이 있습니까?"

장소는 그의 말을 듣고 말문이 막혀 반박하지 못했다.

한 번은 태자가 기분 나쁜 일이 있어 다른 사람에게 화풀이를 하고자 하는데, 마침 제갈각이 눈앞에 보였다. 태자는 그에게 무지막지하게 이렇게 욕했다.

"제갈각은 말 오줌이나 받아먹어라!"

이 말을 들은 제갈각은 공손하게 대답했다.

"태자께선 계란이나 드시지요!"

손권이 곁에서 그 소리를 듣고 기이하게 여겨 제갈각에게 물어보았다.

"태자는 그대에게 말 오줌을 먹으라고 했는데, 그대가 태자에게 계란이나 드시라고 한 것은 무슨 연고인가!"

제갈각이 대답했다.

"계란이나 말 오줌이나 모두 엉덩이 꽁무니에서 나오는 것이 아닙니까? 맛은 다르나, 나오는 곳은 마찬가지입니다."

손권이 듣고 박장대소를 하였다. 그러나 후일, 제갈각은 고집이 세고, 남에게 뒤지기 싫어하며, 재능만을 믿고 겸손하지 못하여 손량에 의해 비참하게 죽고 말았다.

제갈량은 자신의 후손이 재주만을 믿고 경솔하게 행동하지 말 것은 누누이 강조했는데, 다음은 아들에게 남긴 글이다.

아들을 훈계하는 글

　대저 군자가 행할 때는 정숙함으로써 심신을 수양하고 소박함으로써 덕을 기르는 것이다. 마음이 담박하지 않으면 맑은 뜻을 이룰 수 없으며 마음이 편안하고 고요하지 않으면 먼 곳까지 다다를 수 없다. 학문은 모름지기 마음이 정숙해야 배울 수 있다. 배우지 않으면 넓은 재능을 가질 수 없으며, 뜻이 견고하지 않으면 학문을 이룰 수 없다. 음란하고 게으르면 정신을 분발시킬 수 없고, 조급하면 심성을 수양할 수 없다. 세월을 따라 나이를 먹게 되고 의지는 세월과 더불어 사라져가서 마침내 정력이 고갈되고 쇠락하고 학문도 이루지 못하게 된다. 그러면 세상에 용납되지 못하고 슬픔 속에서 빈궁한 가문이나 지켜야 할 것이니 그때 후회한들 어찌할 것이냐!

재차 아들을 훈계하는 글

　주연酒宴 자리는 예와 정을 표하는 자리이니 자신의 몸과 성격에 맞게끔 예를 다 표했으면 자리에서 물러나야 한다. 그리해야 화목함의 극치에 이르게 된다. 주인의 뜻이 남아 있고 손님도 아쉬움이 남아 있을 경우에는 취하도록 마실 수 있으나 어지러울 정도로 마셔서는 안 된다.

14. 제갈량 평론

　　　　　　제갈량은 승상이 되어 백성을 어루만지고 예의와 법도를 보여주었으며, 관직을 간략하게 하고 때에 시의 적절한 제도를 따라 쓰며 성실한 마음으로 공정한 정치를 베풀었다. 충의를 다하고 시대에 이로움을 준 사람에게는 비록 원수라고 할지라도 반드시 상을 주고, 법을 어기고 태만한 자에게는 비록 친한 사람이라

제갈량

도 반드시 벌을 주었다. 죄를 인정하고 진실을 말하는 사람에게는 무거운 죄를 지었다 하더라도 반드시 풀어주었으며, 말을 교묘하게 꾸미는 자에게는 비록 가벼운 죄를 지었다 하더라도 반드시 사형에 처했다. 선을 행하면 작은 일이라도 상을 주지 않은 적이 없고, 사악한 행동을 하면 사소한 것이라도 처벌하지 않은 적이 없었다.

여러 사무에 정통하고 사물의 근본을 이해하였으며, 명분을 따르고 실질을 따졌으며 거짓으로 가득한 사람과는 함께하지 않았다. 그 결과 촉나라 안의 사람은 모두 그를 경외하고 아꼈으며, 형법과 정치가 비록 준엄해도 원망하는 이가 없었다. 이는 마음을 공평하게 쓰고 상벌 주는 일을 분명하게 했기 때문이다. 제갈량은 세상을 다스리는 이치를 터득한 탁월한 인재로서 관중, 소하와 필적할 만하다. 그러나 해마다 군대를 움직이고도 성공하지 못한 것은 아마 임기응변의 지략이 그 장점이 아니었기 때문인 듯하다.

살펴보기

제갈량에 대한 역대 인물들의 평

 진수가 제갈량에 대해 비교적 자세하고 공정하게 평가했다. 단지 맨 마지막에 '해마다 군대를 움직이고도 성공하지 못한 것은 아마 임기응변의 지략이 그 장점이 아니었기 때문인 듯하다.'라고 하여 제갈량은 용병과 임기응변의 지략이 부족한 것으로 마무리를 했다. 이에 대해 일각에서는 진수의 아버지가 마속의 수하로 마속이 참형을 당할 때에 더불어 다리를 잘리는 죄를 받아 제갈량에 대한 깊은 원한을 지니고 있었고, 진수 또한 진나라에서 벼슬을 살기 이전에 제갈량의 아들인 제갈첨의 수하로 일하면서 그에게 자주 무시당했는데, 이에 대한 보복이라고 말하기도 한다.
 때문에 제갈첨을 평가할 때에도 '아름다운 명성과 과분한 명예가 제갈첨의 실제 행위를 넘어서게 되었다.'고 지적하고, '환관 황호가 정치 실권을 몰래 훔쳐 농간을 부렸는데, 제갈첨 등 모두 그를 보호하여 잘못을 바로잡아 줄 수 없었다.'고 비판했다고 주장한다.

그러나 제갈량과 제갈첨의 평가에 대한 전반적인 내용을 살펴보면 좋은 측면을 많이 부각시켰다는 것을 알 수 있다. 즉 '제갈량은 세상을 다스리는 이치를 터득한 탁월한 인재로서 관중, 소하와 필적할 만하다.'고 평가하고, '촉나라 안의 사람은 모두 그를 경외하고 아꼈으며, 형법과 정치가 비록 준엄해도 원망하는 이가 없었다.'고 평한 데서도 알 수 있다.

제갈량의 역대 평가는 그를 거의 신격화한 소설 《삼국지연의》가 나오기 이전부터 걸출한 인물들이나 문인들에게 숭상되고 있었다. 일찍이 서서는 제갈량의 재능을 알아보고, 서슴없이 '와룡'이라고 불렀고, 수경선생으로 알려진 사마휘는 '유생이나 속사俗士가 어찌 시무를 알겠습니까. 시무를 아는 것은 준걸俊傑이어야 하는데 이 부근에 복룡伏龍(제갈량)과 봉추鳳雛(방통) 같은 사람이 있습니다.'라고 하였고, 또 '복룡과 봉추 중에 한 사람만 얻으면 천하를 평정할 수 있을 것이다.'라고 말하고 주나라 800년 동안 인물 강태공과 한나라 400년의 장량보다 낫다고 극찬하였다.

유비는 제갈량에 대해 '당신은 위나라 조비의 열 배는 되니 틀림없이 나라를 안정시키고, 끝내는 큰일을 이룰 것이오. 만일 후계자인 유선을 보좌할 만하면 보좌하고, 그가 재능이 없다면 당신이 스스로 취하시오.'라고 할 정도로 신뢰했다.

마량은 '제갈량은 시기의 필요에 순응하여 세상을 보좌하고 대업을 수립하였으며 국가를 빛냈다.'고 하였고, 제갈량이 죽자 요립은 한없이 눈물을 흘렸고, 이평은 슬퍼하다 죽었다고 한다. 제갈량은 적국에서도 존경받고 신뢰를 얻었다.

그 대표적인 예로 손권은 제갈량을 칭찬하기를 '진실함은 음양을 감동시키고 정성은 천지를 감동시켰다.'고 하였고, 사마의는 그의 군영과 보루를 살펴보고 감탄하기를 '천하의 기재奇才이다.'라고 하였으며, 적장 종회는 촉나라 땅에 들어가 제갈량의 묘에 제사를 지내고 떠날 정도였다. 역대로 숱한 영웅호걸들과 시인 묵객들이 그를 기리는 시문을 남겼는데, 당나라의 시성인 두보의 《촉상蜀相》에는 제갈량에 대해 이렇게 읊고 있다.

　승상의 사당을 어디 가서 찾으리오,
　금관성 밖 측백나무 우거진 곳이라네.
　섬돌에 비친 풀빛은 봄기운 가득하고,
　나뭇잎 사이로 꾀꼬리 울음소리는 속절없이 곱다네.
　선주의 삼고초려로 천하삼분의 계책을 내놓더니,
　2대에 걸쳐 늙은 신하의 일편단심 바쳤다네.
　군사를 내어 뜻 이루지 못하고 자신이 먼저 죽었나니,
　길이 천하영웅들의 옷깃을 눈물로 적시누나.

　제갈량의 북벌에 대한 실패에 대해서도 오나라 장엄은《묵기》에서 다음과 같이 평했다.

　제갈공명은 파촉巴蜀에서 일어나 하나의 주州를 차지하고 위나라라는 엄청난 대국과 겨루었는데 군사와 백성들이라고는 위나라의 9분의 1밖에 되지 않았다. 제갈공명은 농업과 군사일, 그리고 형법 등을 잘 정비했기 때문에 수만 명의 군사를 이끌고 파죽지세로 기산까지 쳐들어가 황하와 낙수의 물로 말의 목을 축일 뜻을 품을 수 있었다. 사마중달(사마의)은 10배나 되는 땅과 거기 있는 수많은 군졸을 기반으로 견고한 성지와 강대한 군사력을 보유하고 있었지만 자기 자신의 보전에만 급급할 뿐 적을 깨뜨리지 못하고 제갈량이 마음대로 공격할 수 있도록 방임하였다.

양희의 《계한보신찬》에는 다음과 같이 제갈량을 평하고 있다.

충무후(제갈량)는 영명하고 고매하며, 장강 가에서 위나라 군대를 격멸시킬 책략을 바쳤다. 오나라를 끌어들여 촉나라와 연맹하도록 하였고, 우리 군주를 위해 도모했다. 선제의 유명(임금이나 부모가 임종할 때에 하는 명령)을 받아 재상이 되고, 문무를 정비하였으며, 덕행과 교화를 넓히고, 사람들을 계도하고 풍속을 바꾸었다. 현인과 어리석은 자도 마음을 경쟁하고, 모두 자신의 몸을 잊고 받든다.

영내와 사방의 국경지대를 안정시켰다. 자주 적지로 들어가 그 위광을 빛나게 하고 대국을 소모시켰는데, 멸망시킬 수 없었던 것이 안타깝다.

이는 제갈량의《후출사표》에서 '적을 치지 않으면 왕업이 또한 망할 것이니, 앉아서 망하기를 기다리는 것보다 차라리 적을 치는 것이 낫기 때문이다.' 라고 한 점과 일맥상통한 견해이다.

송나라 왕안석도 '위와 촉 사이의 얽히고설킨 험준한 길, 그 길을 통해 제갈량은 때때로 많지 않은 군사를 이끌고 강적에 대항했다. 그 빛남이 마치 새벽녘의 샛별과 같으니, 오직 제갈량만이 촉을 밝게 비추었구나.' 라고 하여 그의 북벌이 비록 실패하였지만 그 용기를 가상하게 칭송했다. 이처럼 제갈량이 무리한 북벌을 강행했던 이유는 '최선의 방어는 공격이다.' 는 의도가 그의 가슴속에 깊게 남아 있었기 때문인 것 같다.

당대 손초의《각무후비음》에는 '무후가 돌아가신 지 500년이 흘렀지만 지금도 백성들이 칭송하고 사당에서 제사를 올리니, 이토록 오랫동안 사랑받는구나.' 라고 칭송하였고, 시인 원진은 <제갈무후의 사당비>에 다음과 같은 시를 읊었다.

난세를 바로잡고 위태로운 주인을 도와,
간절한 말씀에 탁고의 중책을 받았다네.
뛰어난 재주는 관중과 악의보다 낫고,
교묘한 계책은 손자와 오기를 능가했다네.
늠름한 저 출사표.
당당한 저 팔진도.
공과 같이 온전하고 거룩한 덕 지닌 이,
고금에 다시없음을 탄식하노라.

당나라의 천재 시인 이백 또한 <제갈무후전을 읽고…>라는 시에서 다음과 같이 읊었다.

한나라 국운이 끝나갈 무렵,
영웅들의 싸움이 벌어졌다네.
패자의 큰뜻 서로 세우지 못하고,
인재들을 모아가며 할거하고 있었다네.
붉은 부적 한 장이 운명을 일으키듯,
빛 못 보던 영웅이 제갈공명을 얻었다네.
남양의 융중에 묻혀 지낼 때에,

조그만 땅 몸소 씨 뿌리고 거뒀다네.
세 차례 찾은 뒤 고기가 물을 만나서,
천하에 비바람 일으킬 수가 있었다네.
무후께서는 촉땅에 나라 세우시고,
큰뜻 펼쳐 관중을 정벌하셨다네.
……

당나라의 이상은 역시 벼슬을 그만두고 장안으로 돌아오는 도중에 주필역을 지나면서 제갈량을 회고한 다음과 같은 시를 남겼다.

물고기와 새는 아직도 제갈량의 군령 두려워하고,
바람과 구름은 길이 제갈량의 군영을 지키네.
제갈량 휘두른 신묘한 붓도 헛되이,
마침내 항복한 왕 수레에 실려가는 꼴 보네.
관중과 악의의 재주보다 못 하지 않았건만,
도와줄 관우, 장비의 명 짧은 걸 어찌하랴.
훗날 금리에서 제갈량의 사당 지나게 되면,
제갈량 소싯적 즐겨 불렀던 양보음이 한 되어 남겠네.

제갈량을 극도로 숭상했던 두보는 또 다음과 같은 시를 남겼다.

제갈량, 큰 이름 우주에 드리웠으니,
위대한 인물의 형상, 그 모습도 맑고 높다네.
천하삼분 할거함에 따라 책략이 얽히니,
만고의 세월 구름 긴 하늘에 한낱 깃털이었다네.
그와 견줄 만한 인물은 이윤과 여상이요,
군사 지휘는 소하와 조참도 따르지 못했다네.
한나라 운수 다함에 되돌리기 어려웠지만,
굳게 뜻 정하고 죽을 때까지 군무에 힘썼도다.

이처럼 제갈량에 대한 역대 인물과 시인들의 찬송은 당대에만 그치지 않고 송나라와 명나라와 청나라에 이르기까지 그치지 않고 있다. 송나라의 대학자인 주자 역시 여산의 남쪽 오로봉 아래 사방이 절벽이고 폭포수가 떨어지는 큰 골짜기에다 와룡암을 짓고 그 안에 제갈량의 초상화를 걸어두고 제사를 지냈다고 한다. 남송의 시인인 육유(1125~1210)는 <서분>이란 시에서 제갈량에 대해 다음과 같이 읊었다.

  젊을 때야 어찌 세상 일 어려운 줄 알리오,
  중원을 북으로 바라보아 기상은 산과 같았다오.
  다락배 타고 과주도에서 밤눈을 맞았고,
  철마 타고 대산관에서 가을바람 맞았다네.
  변방의 긴 성에서 공연히 스스로 뽐내었는데,
  거울 속 노쇠한 귀밑털이 벌써 반백이 되었구나.
  출사표 한 작품은 진정 세상에 이름났으니,
  천년 동안 누가 우열을 겨룰 수 있으리오.

명나라 시인인 양신은 <무후묘>란 시에서 다음과 같이 제갈량을 추모했다.

  검강의 봄물이 푸르게 흐르고 흐르니,
  오장원 머리에 날은 다시 어두워졌다네.
  옛 업적은 후주後主에게 돌아갈 수 없으니,
  큰 별은 먼저 이미 전군에 떨어졌다네.
  남양 사당은 가을풀에 비어 있고,

서촉 관산은 저녁 구름을 막도다.
정통을 만고에 전함을 부끄러워 않으니,
성패로 삼분을 논하지 말게나.

청나라의 강희 황제(1654~1722)는 "제갈량이 이르길, 몸과 마음을 다하여 나라에 이바지하되 죽은 뒤에 그친다고 하였으니 신하된 자는 오직 제갈량과 같이 할 수 있어야 한다."고 말했다.

청나라의 철학가이자 시인인 왕부지(1619~1692) 역시 "군사를 잘 통솔할 수 없을 때 오직 그만이 이를 통솔했고, 백성을 잘 다스릴 수 없을 때에는 오직 그만이 이를 다스렸다. 정치가 편안하지 못할 때에 오직 그만이 이를 편안케 했고, 나라 살림이 어려울 때에 그만이 풍족하게 했다."고 칭송하였다.

중국뿐만 아니라 우리나라의 남양에서도 무후묘를 세웠으며, 영유에 와룡암이 있어서 제갈사諸葛祠를 세우고 그에 대한 제사를 올렸다. 또 제갈량을 기리는 시문이 많이 남겨져 있다. 고려의 재상이었던 이제현(1287~1367)은 직접 성도의 제갈량 사당을 둘러보고 다음과 같은 시를 남겼다.

　뭇 영웅 봉기하여 어지러운 세상에서,
　홀로 경륜을 품고서 초가집에 누웠다네.
　나라 위한 의리는 삼고초려한 후에 드높아지고,
　출사할 계책은 남정南征한 후에 굳어졌다네.
　목우와 유마 누가 능히 만들 줄 알았던가!
　거위 털 부채와 푸른빛의 비단 윤건, 절로 돋보이네.
　일월처럼 밝은 충성 천고에 빛나는데,
　위진魏晉의 땅 돌아보니, 빈 터만 남아 있다네.

　고려 말의 문신인 이색(1328~1396)도 <독한사>란 시에서 제갈량을 다음과 같이 읊고 있다.

　우리 도道가 어두워지니,
　선비 갓 쓴 이들은 겉만 꾸몄다네.
　자운紫雲이 자못 적막하니,
　백시伯始는 제라서 중용이라네.
　육적六籍을 마침내 어디 쓰랴,

삼장三章을 끝내 따르지 못했다네.
유유한 천년 뒤에,
공명와룡을 다시 생각하네.

조선조에 이행(1478~1534)은 중국에 사신으로 다녀와서 <공명전에 적다>라는 시를 썼다.

왕년엔 신야 들에서 밭 갈다가, 쟁기 놓고 삼고초려에 답하였지. 그 후론 남양 땅의 용이었나니, 세상에 처함에 홀로 발랐다네. 조조가 왕권을 마음대로 농락하니, 천하에 흉험한 무리 날뛰었다네. 한나라가 잿더미로 타서 사라지자, 호걸들이 유성처럼 사라져버렸네. 무릎을 감싸 안은 채 길게 불렀던 음은 본조의 마음 읊었건만, 세상 풍진 걷히는 건 뵈지 않아라. 익주를 거점으로 적을 토벌하였는데, 군웅들이 굳세지 않음을 어떡하리. 임금과 신하 한 마디로 한마음이 되어, 만 번 죽더라도 나라를 구할 태세이었다네. 강개한 마음으로 출사표 올리니, 그 의기는 금석보다 더 굳세었다네. 위수 가에서 군대를 주둔하니, 백성들 마

실 거리를 가지고 반겨 맞아주었네. 하늘은 어찌 어질
지 못하신가? 뜻만 품고 결국 끝맺지 못했다네. 지금
사당의 영정 앞에 절하니, 늠연히 공경스런 마음 일어
난다네.

조선 중기의 문인인 이산해(1539~1609)도 <제갈량>
이란 시를 남겼다.

군신의 지우에 소융昭融이 움직였으나,
유가劉家의 운수가 다했음을 어이하나요.
전후 출사표의 충성이 천고에 비추나니,
성패를 가지고 영웅을 폄하하지 마시게.

그는 또 <남양의 구릉 위에서 제갈공명을 생각하며>
라는 시를 썼다.

몸은 수고롭고 먹거리는 적은데 일 어찌 많은지,
사마중달의 기이한 재주 무후에 버금갔었지.
본래 하늘은 사마씨를 도왔나니,

왕좌가 유씨劉氏를 부흥시킬 수 있는 건 아니었다네.

성패는 막론하고 나라를 위해 애썼나니,
당시 하늘의 해가 붉은 충심을 비추었다네.
누가 군신의 의리에 밝지 못하여,
평생 와룡이 되는 게 나았다 함부로 말하나.

세상에 달인은 깊이 숨음을 중시하나니,
산 밖에서 누가 향기로운 성명 전했을까?
당시에 유비의 삼고초려가 없었더라면,
평생을 남양에 누워 청복淸福을 누렸을 테지.

제갈공명이 유비에게 형주와 익주를 취하도록 권한 것에 대해 조선 중기의 문인인 장유(1587~1638)는 다음과 같이 해설했다.
"공명이 소열(유비)을 따라 나선 것도 단지 한漢나라의 기업基業을 부흥시키기 위한 하나의 목적에서였다. 그 당시로 말하면, 사해四海 구주九州의 지역 모두가 조조와 손권의 지배 아래에 놓여 있어, 소열은 적수공권赤手空拳으로 몸을 가릴 곳조차 없는 형편이었다. 그런 가운데에서도 오직 한 군데 익주益州가 남아 있어, 이를 토대로 하여 회복의 기틀을 마련할 수가 있었는데, 이것은 이미 초려草廬에서 계책을 정할 때에 미리 강구해 둔 것이기도 하였다.

그런데 이제 와서 촉蜀 땅을 손에 넣지 않는다면, 장차 소열에게 종신토록 형주의 나그네 신세나 되라는 말과 같지 않겠는가? 더구나 유장劉璋으로 말하면 본디 익주를 몰래 훔쳐 차지하고 있던 자이니, 한나라에 왕자王者가 일어난다면, 반드시 토벌되고야 말 운명에 놓여 있었다고 할 것이다. 그리고 유약하면 겸병兼併하고 혼암昏暗하면 치는 것이야말로 탕왕과 무왕이 취한 조치라고 할 것인데, 그렇게 해서 안 될 것이 또 뭐가 있겠는가?"

조선 정조 때의 실학자인 안정복(1712~1791)은 <언젠가 제갈량, 도연명 두 분의 전을 엮어서 그것을 보았더니, 지암이 그에 대해 시를 쓰고 화답을 요청하기에 그 운에 따라 읊었다>란 시에서 제갈량과 진晉나라의 도연명을 더불어 칭송했다.

제갈량 도연명의
청고한 기상 백대를 흐르고 있다네.
밭갈이 그만두고 유비를 맞이했고,
태고사람 자처하고 덩그렇게 누웠다네.
그들의 참모습 지금은 볼 수가 없다지만,
아름다운 사연들 잊을 수가 없다네.
팽택에는 버드나무만 처량하고,
성도에는 뽕나무만 적막하도다.
쟁기 놓고 파촉巴蜀에 나라 세웠으며,
술잔 들며 진晉나라 신하라 칭했다네.
드높은 그 유풍 아직도 없어지지 않아,
천년 뒤인 지금까지 우리를 일깨워준다네.

정조(1752~1800)는 경연 중에 자주 후한의 역사와 제갈량의 일을 신하들과 토론했고, <숙종께서 지으신 무후, 악왕, 문산의 도상찬을 영유의 삼충사에 옮겨 봉안할 때의 치제문>에서 다음과 같은 시를 남겼다.

아, 한나라 무후여! 삼대 위의 인물이었다네. 물고

기와 물이 함께 만난 듯이, 군신 간에 흉금을 시원스럽게 터놓았다네. 의리로 적을 토벌하기에 밝았고, 책략은 강토를 회복하기에 넉넉했다네. 힘써 큰 제업帝業을 도와, 곧바로 고광高光에 접했다네. 산하의 기상을 받아서 태어나, 일월의 밝은 충성을 꿰뚫었다네. 전후 출사표의 훈명이, 무궁하게 드리웠다네. 당나라에 두보가 있어, 시로써 그 자취를 드러내어 기렸다네. 종신의 유상이, 엄숙 청고淸高하였네. 성조聖祖께서 생각을 가다듬어, 열 줄의 글을 친히 지으셨다네. 천백 년이 지난 후에도, 그 향기로움을 느낄 것 같겠네. 엄숙하게 편액을 받들어 걸어서, 그 이름 와룡사라고 하였다네. 영령은 내려와 임하시어, 멀리서 드리는 이 잔을 받으소서.

또 정조는 <영사> 중에서 제갈공명을 두고 다음과 같은 시를 남겼다.

봄잠의 몽롱한 꿈을 누가 진가를 구별할 수 있을까?
베개 가에는 절로 와룡건臥龍巾이 떨어지누나.

마침내 한 번 나옴에 대한 춘추의 의리는
성패는 사람에 달려 있지 않고 하늘에 달렸다네.

조선 후기의 문인인 성대중(1732~1812)은 《성언》에 <나라와 가문의 운명을 좌우한 제갈공명>이란 글을 썼다.

"제갈공명이 죽자 촉나라가 망했다. 그러나 위나라의 멸망도 제갈공명의 죽음에서 기인한 것이다. 만약 제갈공명이 죽지 않았다면 사마중달(사마의)은 온 힘을 다해 위나라의 서쪽을 막느라 관서 지방에서 한 발자국도 떠나지 못했을 것인데, 어느 겨를에 정권을 찬탈해 나라를 도둑질할 수 있었겠는가? 가령 국권을 빼앗을 만한 힘이 있었다 하더라도 제갈공명의 공격이 두려워 감히 그러지 못했을 텐데 하물며 촉나라를 도모할 수 있었겠는가? 때문에 촉이 망하자 사마씨의 세력이 더욱 강해져서 위나라가 결국 진晉나라에게 임금 자리를 선양禪讓하고 말았던 것이다. 그리고 촉나라와 위나라가 병합되었는데, 오나라가 어찌 독존할 수 있었겠는가? 오나라에서 제갈각을 쓴 것이나 위나라에서 제갈탄을 쓴 것은 모두 제갈공명 때문이었다. 만일 제갈공명이 살아 있었다면 손준이 어찌 감히 제갈각을 처참하게 죽이고, 사마소가 어찌 감히 제갈탄을 해쳤겠는가? 그러므로 제갈공명의 죽음에 삼국의 운명이 달려 있었고 제갈씨 가문의 운명도 달려 있었으니, 이 점에 있어서는 이윤과 여상(강태공)도 그에게 미치지 못할 것이다."

근대의 문인인 박대양도 <남양 와룡관 유감>이란 시를 남겼다.

선생이 그 옛날 와룡산에 머물렀을 때,
매화는 제대로 꽃을 피우고 학은 절로 와 울었겠지.
세 번 찾아와 고기와 물같이 친밀하지 않았다면,
인생 백년을 초가집에서 한가히 지내었으리.
융중에 밭 갈고 글 읽던 곳 어디임을 알겠나니,
해외로 몰고 달림도 여기에서 일어섰네.
말을 멈추고 사람을 생각하나 그 사람 보이지 않고,
그 누가 한漢나라의 국운을 간난艱難에서 건져주려나.

현대에 들어와서 많은 숱한 학자와 사람들이 제갈량에 대해 평했는데, 주홍은 《담제갈량적용인책략談諸葛亮的用人策略》에서 '제갈량은 잔혹하고 변화무쌍한 전쟁의 환경 속에서 원대한 식견과 뛰어난 지략으로 조세造勢, 용술用術, 모공謀攻, 묘산妙算, 궤도詭道, 용간用間 등을 탁월하게 발휘했다.'고 평했고, 모종강은 《독삼국지법讀三國志法》에서 제갈량을 '고금의 어진 재상들 중 최고 기인이었다.'라고 평가했다.

정진탁은 '《삼국지연의》가 비록 삼국의 고사를 서술하고 있으나, 사실은 한 권의 제갈공명 전기에 불과하다.'라고 단언하기도 했는데, 이는 삼국의 고사가 제갈량의 등장으로 본격화되고 그의 죽음으로 끝난 것이나 마찬가지였기 때문일 것이다.

또 비판적인 시각도 있어서 노신 같은 학자는 '나관중의 《삼국지연의》가 인물을 묘사함에 이르러서도 아주 큰 잘못이 있으니, 유비의 어른스럽고 후덕함을 표현하려다가 도리어 거짓말처럼 되고, 제갈량의 지혜로움을 멋지게 표현하려다가 요괴같이 되어버렸다.'고 비판하고 있다.

그러나 실제 역사서인 《삼국지》나, 소설 《삼국지연의》에서 묘사된 제갈량의 주된 이미지는 대大 책략가로 촉나라를 건국하는데 지대한 영향을 끼쳐서 삼국을 정립시키고, 한 왕실을 부흥시켰으며, 중원을 통일하기 위해 북벌을 감행하여 죽을 때까지 우국충정을 다 바쳤다는 것은 변할 수 없는 사실이며, 이에 감동된 사람들에 의해서 오랫동안 회자되고 있는 것이다.

제2장

제갈량 《심서心書》

제갈량의 《심서心書》는 고대 중국에 장수의 도道에 관한 문제를 전문적으로 토론한 군사저작물이다. 《심서心書》는 또 《장원將苑》, 《신서新書》라고도 불리는데, 송대宋代에는 《장원》으로 불렸고, 명대明代부터 《심서》, 《신서》라고 불렸다.

《장원》이든 《심서》, 또는 《신서》이든 간에 진수가 편찬한 《삼국지》<제갈량전>에는 그 제목이 보이지 않고, 수당隋唐의 역사서에도 보이지 않다가 송나라 때에 우무가 편찬한 《수초당서목遂初堂書目》에 《제갈량장원諸葛亮將苑》이란 제목으로 등장한다. 또 《송사宋史》<예문지>에도 그 이름이 기록되어 있다.

명나라 때에 편찬한 《제갈량집》에는 《심서》의 전 내용이 게재되기 시작했다. 때문에 역대의 많은 학자들이 이 저서를 후인들의 위작으로 보는 경향이 있으나, 그 내용이 제갈량의 군사 사상과 일치되고 있어 오랫동안 세인들의 주목을 받았다. 오늘날에는 저작의 진위 여부를 떠나 제갈량 병법의 진면목에 가장 근접한 책으로 평가되고 있다.

1. 병권兵權 ... 병권이란

 무릇 병권兵權이란 삼군三軍*의 사명司命*으로 최고 장군의 위세를 세우는 것이다. 장군이 병권을 장악하고 군사들을 잘 통솔하는 것을 비유하자면, 맹호가 양 날개를 달고 사해四海를 높이 선회하며 비행하는 것 같아서 어느 곳이라도 수시로 미칠 수 있는 형세이다.
 만일 장군이 병권을 잃어버리면 군사들을 통솔하지 못하여 마치 강과 호수를 벗어난 민물고기가 큰 바다로 헤엄쳐 나가려 하는 형세로 결국에는 거센 파도에 밀리게 되는 것과 마찬가지이다.

삼군三軍
옛날 군대의 편성 방법으로 전군全軍을 통칭한다.

사명司命
원래 생명을 주관하는 신에서 유래됐는데, 본문에서는 삼군을 통솔한다는 뜻이다.

2. 축악逐惡 ... 악을 축출하라

무릇 군대와 나라를 망치는 다섯 가지 폐해가 있다.

첫째는 사사로이 당을 만들어 무리를 지어 현명하고 선량한 자를 헐뜯고 참소하는 것이다.

둘째는 의복을 사치스럽게 입고 괴이한 모자와 띠 등 장식품을 하여 위화감을 조성하는 것이다.

셋째는 허무맹랑한 말과 요상한 술법으로 민심을 현혹시키고 거짓 신神을 앞세우는 것이다.

넷째는 오로지 남의 시시비비를 살펴서 사사로이 민중을 선동하는 것이다.

다섯째는 자신의 이해득실을 따져서 몰래 적과 결탁하는 것이다.

이런 부류의 사람들은 간사하고 위선적이며 패덕悖德(도덕과 의리에 어그러짐)한 자이니 멀리하고 가깝게 지내서는 안 된다.

3. 지인知人 ... 사람됨을 알라

무릇 사람의 성품을 살펴보는 것은 대단히 어렵다. 아름답고 흉악한 것은 바로 구별되지만 성품과 외모는 일치하지 않는다. 외모가 착하고 온순해 보이나 속마음은 간사한 사람이 있다. 외양은 공손하지만 속으로 기만하는 자가 있으며, 외양은 용감해 보이지만 속으로 비겁한 자가 있다. 외양은 있는 힘을 다하는 것 같지만 속으로 충성스럽지 못한 자가 있다.

사람을 아는 방법에는 일곱 가지가 있다.

첫째는 시시비비를 물어 그 뜻을 관찰하는 것이다.

둘째는 궁지에 몰렸을 때에 변명을 듣고 그 변화를 관찰하는 것이다.

셋째는 책략에 대한 견해를 듣고 그의 식견을 관찰하는 것이다.

넷째는 재난을 알려서 그의 용기를 관찰하는 것이다.

다섯째는 술을 취하게 만들어서 그의 성품을 관찰하는 것이다.
여섯째는 재물을 미끼로 그의 청렴함을 관찰하는 것이다.
일곱째는 일에 기한을 두고 맡겨서 그의 신용을 관찰하는 것이다.

4. 장재將材 ... 장수의 재질

무릇 장수가 될 만한 인재는 다음의 아홉 가지 유형이 있다.

병사들을 덕으로 인도하고 예법으로 다스리며 그들의 굶주림과 추위, 고난을 돌보아주는 자를 '인장仁將'이라 이른다.

구차스런 일이나 어려움을 모면하지 않으며 아무리 이로운 일이라도 불의를 취하지 않고 죽을지언정 올바로 죽는 것을 영광으로 여기어 욕된 삶을 살지 않는 자를 '의장義將'이라 이른다.

고귀한 지위에 있어도 교만하지 않고 전쟁에서 승리를 거둬도 뽐내지 않으며, 현명하고 능력 있는 사람에게 자신을 낮추고 강직하면서 인내할 줄 아는 자를 '예장禮將'이라 이른다.

예측하기 어려운 상황에서도 임기응변을 발휘하여 전화위복으로 만들 줄 알고 어떠한 위기 속에서도 승리할 수 있는 자는 '지장智將'이라 이른다.

  용감하게 진격하는 자에게 후한 상을 주고 비겁하게 도망가는 자에게 엄벌을 내리며 제때에 상벌을 주며 형벌에 귀천을 가리지 않는 자를 '신장信將'이라 이른다.

  발이 가벼워 날랜 말과 같으며 기개가 커서 뭇 사람을 압도하고 능히 변방을 지키고 검과 극戟에 능한 자를 '보장步將'이라 이른다.

  높은 산과 험한 곳을 쏜살같이 오르며 공격할 때는 앞장을 서고 물러설 때에는 맨 뒤에 서는 자를 '기장騎將'이라 이른다.

  기개가 삼군을 압도하고 강적을 가볍게 여기며 작은 전투는 겁을 내지만 큰 전투에서는 용감하게 싸우는 자를 '맹장猛將'이라 이른다.

  현명한 사람을 보면 그에 따르지 못함을 안타깝게 생각하고 간언을 들으면 순순히 받아들이고, 너그럽고 강직하며 용감하면서도 지략이 많은 자를 '대장大將'이라 이른다.

5. 장기 將器 ... 장수의 기량

장수는 그 기재器才에 따라 쓰되 크고 작은 것이 같지 않다.

만일 간사한 자를 가릴 줄 알고 그 화를 미리 예견할 줄 안다면 사람들을 감복시킬 수 있으며, 이런 자는 열 명을 거느릴 수 있는 장수감이다.

아침 일찍 일어나고 밤늦게 잠자리에 들며 언사를 가려서 쓸 줄 아는 자는 백 명을 거느릴 수 있는 장수감이다.

정직하면서 사려가 깊고 용감하고 전투에 능한 자는 천 명을 거느릴 수 있는 장수감이다.

외모가 씩씩하며 인정이 많고 병사들의 노고를 알아주고 그들의 굶주림과 추위를 돌보는 자는 만 명을 거느릴 수 있는 장수감이다.

현명하고 능력 있는 사람을 쓸 줄 알고 하루에 한

번씩 반성하며 지성과 신용을 가지고 관대한 마음을 지니고 침착하게 어려운 일을 헤쳐 나갈 줄 아는 자는 십만 명을 거닐 수 있는 장수감이다.

인자한 마음으로 아랫사람을 사랑하며 신의로 이웃 나라를 감복시키고, 위로는 천문을 알고 가운데로 인간사에 밝으며 아래로 지리에 통달하여 천하의 정세를 자기 집안일처럼 생각하는 자는 천하를 거느릴 수 있는 장수감이다.

6. 장폐將弊 ... 장수의 폐단

무릇 장수에게는 여덟 가지 폐단이 있다.
첫째는 탐욕을 끝없이 부리는 것이다.
둘째는 현명하고 유능한 사람을 질투하는 것이다.
셋째는 참언을 믿고 간사한 아첨을 좋아하는 것이다.
넷째는 남을 헤아릴 줄 알지만 자기 자신을 헤아릴 줄 모르는 것이다.
다섯째는 우유부단하여 결단력이 없다는 것이다.
여섯째는 황음무도한 생활을 하며 주색에 빠지는 것이다.
일곱째는 간사하게 속임수를 쓰고 속으로 비겁하고 나약한 것이다.
여덟째는 교활하게 변명하기 좋아하고 예법을 지키지 않는 것이다.

7. 장지將志 ... 장수의 포부

병기는 사람을 죽이는 흉기이고, 장수의 소임은 위태로운 것이다. 병기는 강하면 부서지고 임무는 무거울수록 위험하다. 때문에 훌륭한 장수는 강한 것을 믿지 않고 세력에 의존하지 않는다. 총애를 받아도 기뻐하지 않으며 욕된 일이 있어도 두려워하지 않는다. 재물을 탐내거나 미색에 현혹되지 않는다. 오직 한 몸을 나라를 위해 바칠 생각뿐이다.

8. 장선將善 ... 유능한 장수

장수는 다섯 가지가 능해야 하고 네 가지를 해야 한다.

다섯 가지 능해야 할 것은 적의 형세를 잘 파악하는 것, 진퇴의 길을 아는 것, 나라의 허실을 아는 것, 천시天時와 인사人事를 아는 것, 산천의 험준함을 아는 것이다.

네 가지 해야 할 것은 작전 시에 기법奇法을 쓰는 것, 계략을 주도면밀하게 수립하는 것, 무리를 안정시키는 것, 마음을 하나로 만드는 것이다.

9. 장강將剛 ... 장수의 강직

뛰어난 장수는 강직하면서도 부러지지 말아야 하며 부드러우면서도 구부러지지 말아야 한다. 때문에 약弱으로 강强을 제압하고, 유柔로 강剛을 제압해야 한다. 오로지 부드럽고 약하기만 하면 그 세는 반드시 꺾일 것이고 오로지 강직하기만 하면 그 세는 반드시 망할 것이다. 그러므로 부드럽지도 강剛하지도 않는 것이 상도常道에 부합된다.

10. 장교將驕 ... 장수의 교만

장수가 교만해져서는 안 된다. 교만해지면 예를 잃어버리고 예를 잃어버리면 사람들이 떠난다. 사람들이 떠나면 대중이 반기를 든다.

장수가 인색해서도 안 된다. 인색하면 상을 주지 않고 상을 주지 않으면 병사들이 사력을 다하지 않는다. 병사들이 사력을 다하지 않으면 군대에서 공을 세울 수가 없다. 공을 세우지 않으면 나라가 허약해지고 적은 내실內實 있게 된다.

공자가 말하길 "주공周公의 재능과 미덕을 지니고 있다 해도 교만하고 인색하면 그 나머지는 볼만 한 것이 없다."고 했다.

11. 장강將强 ... 강한 장수

장수에게는 다섯 가지의 강점强點과 여덟 가지의 악점惡點이 있다. 높은 절개로 세속을 격려하고, 부모에게 효도하며 형제간에 우애 있게 지내면서 이름을 날릴 수 있어야 한다. 신의를 지키면서 벗을 사귀고, 심사숙고하여 너그럽게 사람들을 용납하며, 전력을 기울여 공을 세워야 한다. 이것이 다섯 가지의 강점이다.

일을 도모하면서 시시비비를 가리지 못하고 예의로써 현명한 인재를 등용하지 못하며, 정사를 다스리면서 형법刑法을 제대로 집행하지 못하고, 부유하면서도 궁핍과 재앙을 해결하지 못하며, 지혜로써 형세가 보이지 않은 것을 생각하지 못하여 방비하지 못하고, 지혜롭게 미연에 재난을 방지하지 못한 것, 생각을 주도면밀하게 하지 못한 것, 영달한 뒤에 인재를 천거하지 않고, 실패했을 때 남을 원망하고 비방한다. 이런 것은 경계해야 할 여덟 가지 악점이다.

12. 출사出師 ... 출진하는 장수

옛날에 국가가 위기에 처하면 군주는 즉각 현명하고 유능한 자를 초치(불러서 안으로 들임) 했다. 군주는 먼저 3일 동안 목욕재계하고 태묘太廟*에 들어가서 남쪽을 향해 서고 장수를 북쪽으로 향해 서게 한 다음 태사가 군주에게 부월斧鉞*을 드리면 군주는 부월을 받아 장수에게 건네주면서 이렇게 말한다.

"지금부터 군대는 장군이 재량껏 거느리시오."

그리고 또다시 이렇게 말한다.

"적이 허약해 보이면 진격하고 적이 견실해 보이면 퇴각하시오, 자신의 몸이 귀하다고 남을 천하게 보지 말아야 하고 홀로 견해가 있다 하여 대중을 물리치지 말아야 하며, 공로와 재능을 믿고 충성과 신의를 잃지 마시오. 병사들이 앉지 않으면 먼저 앉지 말고 병사들이 먹지 않으면 먼저 먹지 말며, 추위와 더위, 그리고 수고와 안일도 더불어 하며, 감미로운 것과 고통스러운 것, 위태로운 환란도 함께해야 하오. 이와 같이 한다면 병사들은 반드시 필사적으로 싸울 것이고 적들은 반드시 멸망할 것이오."

장군은 위와 같은 군주의 훈계를 듣고 나서 흉문[凶門*을 열고 군사를 거느리고 출발한다. 군주는 그들을 전송하기 위해 몸을 꿇고 수레바퀴를 밀면서 이렇게 말한다.

"군대의 진퇴와 군중의 일은 군주의 명을 따르지 않아도 되니, 모두 장군이 주관하시오."

이와 같으면 위에는 하늘이 없고 아래로는 땅이 없으며 앞에는 적이 없고 뒤에는 군주가 없게 된다. 그래서 지혜로운 자는 군주를 위해 깊이 생각할 수 있고 용감한 자는 군주를 위해 전력을 다해 싸우니, 이 때문에 밖으로는 전승할 수 있고 안으로 공업을 이룰 수 있으며 후세에 이름을 남기고 그 복이 자손들에게 전해질 수 있는 것이다.

태묘太廟
역대 제왕들을 모신 사당.

부월斧鉞
도끼, 군권을 상징.

흉문凶門
북쪽으로 난 대궐문. 옛날 장군들이 흉문을 나서면서 장례를 치를 각오로 싸우겠다는 결연한 뜻이 담겨져 있음.

13. 택재擇材 ... 인재 선택

무릇 군대를 편성할 때에 싸우기를 좋아하고 홀로 강한 적을 물리칠 수 있는 자들을 하나로 모아서 보국지사報國之士라고 한다.

기개가 삼군三軍을 압도하며 신체가 건강하고 힘이 세며 용맹하고 민첩한 자들을 하나로 모아서 돌진지사突陣之士라고 한다.

발걸음이 가볍고 잘 달려서 말과 같이 빠른 자들을 하나로 모아서 건기지사搴旗之士라고 한다.

말을 타고 바람처럼 달리며 활을 쏘아 명중시키는 자들을 하나로 모아서 쟁봉지사爭鋒之士라고 한다.

활을 쏘면 백발백중하여 적을 죽일 수 있는 자들을 하나로 모아서 비치지사飛馳之士라고 한다.

강노強弩를 잘 쏘아 먼 곳에서도 틀림없이 명중시키는 자들을 하나로 편성하여 최봉지사摧鋒之士라고 한다.
 이 여섯 가지 뛰어난 군사들은 각기 그 재능에 따라 쓰는 것이다.

14. 지용智用 ... 지혜의 운용

무릇 장군의 도道는 천도天道를 따르고 시기를 잘 타며 인심人心에 의지해야 확고하게 승리할 수 있다. 천도는 적합하나 시기가 오지 않았다면 비록 사람이 행한다고 해도 이는 시기를 거스르는 것이다. 시기는 적합하나 천도가 맞지 않으면 비록 사람이 행한다고 해도 이는 천도를 거스르는 것이다. 천도와 시기는 적합하나 사람이 행하지 않는다면 인심을 거스르는 것이다. 지혜로운 장수는 천도를 거스르지 않고 또 시기도 거스르지 않을 뿐만 아니라 또한 인심도 거스르지 않는다.

15. 부진不陣 ... 병진의 불용

고대에 나라를 잘 다스렸던 자는 군대를 쓰지 않았고, 군대를 잘 통솔하는 자는 진陣을 치지 않았으며, 진을 잘 치는 자는 싸우지 않았고, 잘 싸우는 자는 패하지 않았으며, 패배에 잘 대처했던 자는 멸망하지 않았다. 옛날에 성인이 다스릴 때는 백성들이 편안히 거처하면서 생업을 즐기도록 했으며 늙도록 서로 공격하지 않았다. 이는 나라를 잘 다스렸던 자는 군대를 쓰지 않았음을 이르는 것이다.

예컨대 순舜임금이 형법을 제정하고 고요咎繇*가 사법관이 되자 사람들은 정령政令을 위반하지 않아서 형법을 적용한 적이 없었다. 이는 군대를 잘 통솔하는 자는 진을 치지 않았음을 이르는 것이다. 우禹임금이 유묘有苗*를 정벌할 때 병사들이 방패와 우羽*를 들고 일제히 춤을 추자 묘민苗民들이 일제히 귀순했다.

이는 진을 잘 치는 자는 싸우지 않았음을 이르는 것이다. 제齊 환공桓公은 남쪽으로 강대한 초나라를 정복하고 북쪽으로 산융山戎*을 정복했다. 이는 잘 싸우는 자는 패하지 않았음을 이르는 것이다. 초楚 소왕昭王은 전쟁의 화를 입고 진秦나라로 달려가 구원을 청했으며 마침내 나라로 돌아올 수 있었다. 이는 패배를 잘 대처하는 자는 멸망하지 않았음을 이르는 것이다.

고요咎繇

성은 언偃이고, 고요皋陶라고도 한다. 순임금 때에 형법을 주관했던 관리.

유묘有苗

고대에 하남성 남부와 호남성 동정호, 강서성 파양호 일대에 살았던 종족. 삼묘三苗, 묘민苗民이라고도 부른다. 순임금 때에 감숙성 돈황 일대인 삼위三危로 이주했다.

우羽
새의 깃털, 춤출 때 사용했던 도구.

산융山戎
고대에 하북성 북부에 살았던 종족. 북융北戎이라고도 부른다.

16. 장계將誡 ... 장수의 계명

《서경書經》에 "군자를 희롱하고 업신여기면 사람들이 마음을 다하게 하지 못하고, 소인들을 희롱하고 업신여기면 그들의 힘을 다하게 하지 못할 것이다."라고 했다. 그러므로 용병의 요체는 반드시 영웅들의 마음을 사로잡고 상벌을 엄정하고 공정하게 집행하여 문무의 도를 결합시키고 강유剛柔의 전술을 쓰며 《의례儀禮》와 《악경樂經》을 즐기며 《시경詩經》, 《상서尚書》를 가까이 하며 인의를 앞세우고 지혜와 용맹을 뒤에 쓰는 것이다.

고요할 때는 깊은 못 속에 숨어 있는 물고기 같고 움직일 때에는 수달처럼 재빠르게 행동하여 적들의 연계를 끊어버리고 정예를 꺾어야 한다. 또 정기旌旗를 앞세우고 징과 북으로 군대를 호령해야 한다. 후퇴할 때에는 산이 움직이듯이 하고 진격할 때에는 폭풍

우와 같아야 하며 적을 추격할 때는 마른 가지 꺾듯이 하고 전투를 벌이면 맹호처럼 싸워야 한다.

적을 압박하되 너무 몰아세우지 않고 이득으로 유인하고 혼란한 군사는 공격하며 조심하는 적은 교만하게 만들며, 적이 화목해지면 이간시키고 적이 강대하면 쇠약하게 만들어야 한다.

부하가 위험하면 안전하게 지켜주고, 두려워하면 안심시켜주고 배신하려 하면 회유해 주고 억울하면 풀어준다. 강한 자는 억제하고 약소한 자는 붙들어주며 지모가 있는 자는 가까이 하고 비방하는 자는 내쫓으며, 재물을 얻으면 나눠주어야 한다.

장수로서는 병사를 거들어 약한 자를 공격하지 않으며 다수를 믿고 소수의 적을 경시하지 말아야 하고, 자기의 재능이 뛰어나다 하여 남에게 교만하지 말아야 하며 총애를 받았다 하여 위세를 부리지 말아야 한다.

매사 먼저 계획을 세운 다음에 움직이며, 승리할 자신이 있으면 싸움을 시작한다. 재물을 얻으면 나눠주고 여자를 자신이 차지하거나 부리지 말아야 한다.

장수가 이와 같이 하고 엄정하게 명령을 내린다면

부하들은 기꺼이 싸울 것이며 치열한 백병전 속에서도 즐겁게 죽을 것이다.

17. 계비戒備 ... 경계와 대비

무릇 국가 대사에서 전쟁을 경계하고 대비하는 것만큼 중요한 것이 없다. 만약에 추호라도 경계를 게을리하면 천리 밖에서 눈 깜박하는 사이에 전군이 전복되고 장수는 죽는 일이 벌어질 수 있다. 형세는 순식간에 변할 수 있으니 어찌 두렵지 않겠는가. 그러므로 환란에 처했을 때 군주와 신하들은 숙식을 잊고 대책을 강구하며 현명한 장수를 택하여 책임자로 삼는다. 편안할 때에 위험을 생각하지 않고 적이 침입해 와도 두려움을 모르는 것은 마치 제비가 장막 위에 둥지를 트는 것과 같고, 물고기가 솥 안에서 헤엄을 치는 것과 같아서 하루 해도 넘기지 못할 것이다.

《좌전左傳》에 "방비와 경계를 하지 않으면 군사를 거느릴 수 없다."고 했고 또 "먼저 예비해 놓고 염려하는 것은 옛날의 선정善政이었다."라고 했으며 "벌과 전갈도 독침이 있어 스스로를 방어하거늘 하물며 나라에 있어서랴?"라고 했다. 방비가 없으면 아무리 군사의 수가 많아도 믿을 방법이 없다. 그러므로 유비무환이라고 하는 것이며, 삼군三軍의 행동에 준비가 없어서는 안 된다.

18. 습련習練 ... 훈련

무릇 군사를 훈련시키지 않으면 백 명으로도 한 명을 이겨내지 못하며 훈련을 잘 받게 되면 한 명으로도 백 명을 이길 수 있다. 그렇기 때문에 공자는 "백성을 훈련시키지 않고 전쟁터로 내모는 것은 그들을 버리는 것과 같다."라고 했으며 또한 "뛰어난 사람이 백성을 7년 동안 훈련시킨 후에야 백성들을 전쟁터에 내보낼 수 있다."라고 했다.

그렇다면 군사는 훈련을 시킬 수밖에 없으며 예의를 가르치고 충성과 신의로 인도하며 형법으로써 경계하고 상벌로써 위엄을 보여야 사람들은 각기 힘쓸 바를 알게 된다. 그런 연후에 분대를 편성하고, 앉기와 일어나기, 행진과 정지, 전진과 후퇴, 집합과 해산 등을 훈련시켜야 한다. 한 명이 열 명을 가르칠 수 있고 열 명이 백 명을 가르칠 수 있으며 백 명이 천 명을 가르칠 수 있고 천 명이 만 명을 가르칠 수 있으니 삼군三軍을 모두 가르칠 수 있다. 이렇게 훈련을 받은 연후에야 적을 물리칠 수 있다.

19. 군두軍蠹 ... 군대를 좀먹는 행위

 무릇 삼군이 행군하는 중에 적정을 잘 살피지 않고 봉화 신호를 잘못 올리는 것, 명령을 제때에 수행하지 못하여 작전 시기를 놓치고 전군의 혼란을 일으키는 것, 까닭 없이 앞뒤로 돌아다니며 금고金鼓의 호령을 무시하는 것, 윗사람이 부하를 돌보지 않고 무턱대고 가로채는 것, 사사로이 자신의 이득을 꾀하고 병사들의 굶주림과 추위를 보살피지 않는 것, 거짓말과 요사스런 말을 하며 망령된 이야기를 늘어놓고 화복을 논하는 것, 아무 일도 아닌 것을 가지고 소란을 피워 장수와 관리를 곤혹스럽게 만드는 것, 무모하게 명령을 따르지 않고 윗사람을 무시하는 것, 나라의 재물 창고를 제멋대로 침입하여 훔치고 그 재물을 쓰는 것 등이 아홉 가지는 삼군을 좀먹는 것으로써 이런 자들이 있으면 반드시 패배하고 만다.

20. 복심腹心 ... 심복

무릇 장수에게는 반드시 심복과 귀와 눈, 어금니와 손톱 같은 사람이 있어야 한다. 심복이 없으면 야밤 길을 다니면서 손과 발을 쓰지 못하는 것과 같고, 귀와 눈이 없으면 어두운 밤에 어디로 가야 할지 갈피를 잡지 못하는 것과 같으며, 손톱과 어금니가 없으면 굶주린 사람이 독을 먹은 것처럼 죽지 않을 수 없다. 때문에 뛰어난 장수는 박학다식하고 지모가 많은 사람을 심복으로 삼아야 하고, 침착하고 주도면밀하며 성실한 사람을 귀와 눈으로 삼아야 하며, 용감하고 날래며 전투에 능한 사람을 어금니와 손톱으로 삼아야 한다.

21. 근후謹候 ... 신중하게 대처하라

무릇 군대가 패하면 장수가 상하는데, 적군을 경시하여 화를 불렀기 때문이다. 때문에 군사를 출동할 때면 규율을 따라야 하며, 규율을 따르지 않으면 흉凶한 일이 생긴다. 규율에는 열다섯 가지가 있다.

첫 번째는 려慮로 첩자를 분명하게 아는 것이다.

두 번째는 힐詰로 척후병의 보고를 정확히 파악하고 분석하는 것이다.

세 번째는 용勇으로 다수의 적 앞에서 굴복하지 않는 것이다.

네 번째는 염廉으로 이득 앞에서 의義를 생각하는 것이다.

다섯 번째는 평平으로 상벌을 공정하고 균등하게 내리는 것이다.

여섯 번째는 인忍으로 치욕을 참는 것이다.

일곱 번째는 관寬으로 대중을 잘 포용하는 것이다.

여덟 번째는 신信으로 한 번 한 약속을 잘 지키는 것이다.

아홉 번째는 경敬으로 현명하고 유능한 인재를 예로써 대우하는 것이다.

열 번째는 명明으로 참언을 무시하는 것이다.

열한 번째는 근謹으로 예禮를 어기지 않는 것이다.

열두 번째는 인仁으로 어진 마음으로 병졸을 잘 양육하는 것이다.

열세 번째는 충忠으로 나라에 몸 바쳐 충성하는 것이다.

열네 번째는 분分으로 스스로 분수를 알고 만족하는 것이다.

열다섯 번째는 모謀로 스스로 자신의 역량을 헤아리고 적을 아는 것이다.

22. 기형機形 ... 기회의 형성

무릇 어리석은 자가 지혜로운 자를 이기면 역逆이고, 지혜로운 자가 어리석은 자를 이기는 것은 순順이다. 지혜로운 자가 지혜로운 자를 이기면 기機라고 한다. 그 도리는 세 가지가 있다. 첫째는 사事이고, 둘째는 세勢이며, 셋째는 정情이다. 일의 기회가 왔는데 대응하지 않는 것은 지혜롭지 못한 것이고, 형세의 기회가 생겼는데 그것을 살리지 못한 것도 현명하지 못한 것이며, 정세의 기회가 생겼는데 행동하지 않는 것은 용감하지 못한 것이다. 뛰어난 장수는 기회에 근거하여 승리를 얻는다.

23. 중형重刑 ... 위엄 있는 형벌

오기吳起(춘추전국시대의 병법가이며 저서로 《오자병법》이 있음)가 말하길 "군대에서 북과 꽹과리, 징 등을 쓰는 것은 청각적인 위엄을 보이기 위함이고, 깃발과 표지를 흔드는 것은 시각적인 위엄을 보이기 위함이며, 금령과 형벌은 심적인 위엄을 보이기 위함이다."라고 했다. 소리는 귀가 위엄을 느끼게 하는 것이기 때문에 맑지 않으면 안 되고, 의용儀容은 눈이 위엄을 느끼게 하는 것이기 때문에 명백하지 않으면 안 되며, 형벌은 마음속으로 위엄을 느끼게 하는 것이기 때문에 엄하지 않으면 안 된다. 이 세 가지가 세워지지 않으면 병사들은 태만해진다. 그 때문에 장수가 지휘하는 대로 병사들의 마음이 따르지 않는 것이 없으며 지시하는 명령에 따라 죽기를 다하지 않음이 없을 것이다.

24. 선장善將 ... 뛰어난 장수

옛날에 뛰어난 장수는 네 가지 원칙이 있었다. 즉, 진퇴進退의 규율을 보여주어서 병사들로 하여금 금하는 바를 알게 하고, 인의仁義로 이끌어서 병사들로 하여금 예법을 알게 하며, 시비是非를 가리는 것을 중히 여겨 병사들로 하여금 권장하는 바를 알게 하고, 상벌을 명확히 하여 병사들로 하여금 신의를 알게 했다. 금禁, 예禮, 권勸, 신信은 군사들을 다스리는 큰 원칙으로, 강직하게 펼치지 않으면 안 된다. 때문에 싸우면 반드시 승리할 수 있으며 공격하면 반드시 취할 수 있는 것이다.

용렬한 장수는 그렇게 하지 못하여 후퇴할 때 제지하지 못하고 진격할 때 금하지 못하기 때문에 군사와 더불어 멸망하고 만다. 권장과 경계가 없으며 상벌이 기준을 잃게 되고 사람들이 신의를 모르게 된다. 그러면 현명하고 선량한 인재들은 떠나가거나 숨고, 허튼 소리를 하며 아첨하는 사람들이 등용된다. 이로 인해 전쟁이 생기면 반드시 패하여 흩어지고 만다.

25. 심인審因 ... 원인을 살펴라

무릇 백성들의 형세에 따라 악을 정벌한다면 비록 황제黃帝*라고 할지라도 더불어 권위를 다투지 못할 것이다. 백성들의 힘에 의거하여 승부를 결정지으면 비록 탕왕湯王*과 무왕武王*일지라도 더불어 공훈을 다투지 못할 것이다. 만약 원인을 살필 줄 알고 거기에 권위가 있어 승리한다면 천군만마도 통솔할 수 있는 명장을 얻을 수 있고 사해四海의 영웅호걸들이 기꺼이 따를 것이다.

> **황제黃帝**
> 중국 전설시대의 제왕. 성은 공손이고 호는 헌원씨로 중국인의 시조이며 역산, 문자, 율려, 의약 등을 처음으로 백성에게 가르쳤다고 한다.

탕왕湯王
은나라의 시조. 하나라를 정복하고 은나라를 세움.

무왕武王
주나라의 임금. 문왕의 아들로 은나라를 멸하고 주나라를 세움.

26. 병세 兵勢 ... 용병의 형세

무릇 용병의 형세는 세 가지가 있다. 첫째는 하늘이고 둘째는 땅이고 셋째는 사람이다.

하늘의 형세란 해와 달이 청명하고 오성五星(금성, 목성, 수성, 화성, 토성)이 제자리에 자리 잡고, 혜성이 나타나 재앙을 일으키지 않으며 기후가 조화로운 것이다.

땅의 형세란 성벽이 험준하기가 절벽과 같고 거센 파도가 이는 물길이 천리에 걸쳐 흐르며, 석문石門(요충지의 입구에 돌로 쌓아 놓은 방어시설)이 깊숙하게 있어서 쉽게 발견하기 어렵고 구절양장과 같은 좁은 길이 있는 것 등이다.

사람의 형세란 군주는 성스럽고 장수는 현명하며 삼군三軍의 예법을 따르고, 병사들은 전투에서 죽음을 두려워하지 않으며 식량은 풍족하고 무기가 견고하게 구비된 것이다. 뛰어난 장수는 천시를 따르고 지세를 취하며 사람에 의거할 줄 알아서 가는 곳마다 대적할 상대가 없고 공격할 때마다 만전을 기할 수 있다.

27. 승패勝敗 ... 승패를 직시하라

 현명한 인재가 위에 있고 불초한 자들이 아래에 있으면, 삼군三軍이 화목하고, 병사들이 복종하며, 서로 용감하게 싸우기를 의논하며, 서로 무예와 위엄을 비기며, 서로 상벌로 권면한다. 이것은 반드시 승리할 징조이다.

 사병들이 게으르고 태만하여 삼군이 자주 놀라며, 밑으로 예의와 신의가 없고, 법을 두려워하지 않으며, 서로 적을 무서워하고, 이득을 꾀할 의논만 하고, 서로 화와 복을 거론하면서 요사스런 말에 미혹이 된다면 이는 반드시 패할 징조이다.

28. 가권假權 ... 권력의 위임

무릇 장수에게는 사람들의 생명과 군대의 승패, 나라의 화복이 달려 있다. 만일 군주가 장수에게 상벌의 권한을 위임하지 않는다면 이것은 마치 원숭이의 손발을 묶어놓고 민첩하게 뛰어오르지 못하는 것을 꾸짖는 것과 같고, 이루離婁*의 눈을 붙여놓고 청색과 황색을 구별하는 것과 같아서 가능하지 않는 일이다.

만일 상벌의 권한이 권신에게 넘어가고 장수가 주관하지 못하면 병사들은 개인적인 이익을 도모할 것이니 어찌 전투할 마음이 생기겠는가? 비록 이윤李尹*과 여상呂尙*의 계략이 있고 한신韓信*과 백기白起*의 책략이 있다고 하더라도 스스로를 방어하지도 못할 것이다. 때문에 손무孫武*는 "장수가 출병할 때에는 군주의 명령을 받지 않을 수도 있다."고 하였고, 주아부周亞夫*는 "군중에서는 장군의 명령만을 듣지,

천자의 조서가 있다는 것을 들어보지 못했다."고 하였다.

> **이루**離婁
> 전설적인 황제黃帝시대의 사람으로 눈이 밝아 1백보 밖에서도 가는 털을 가려낼 수 있다고 한다. 이주離朱라고도 불린다.
>
> **이윤**李尹
> 은나라 초기의 대신. 탕왕을 도와 하나라를 멸망시키는 데 공헌을 하고, 그 후 은나라의 국정을 맡았다고 한다.
>
> **여상**呂尙
> 주나라 초기의 대신. 강태공으로도 불린다. 무왕을 도와 은나라를 멸망시켰고 제나라 시조가 되었다.
>
> **한신**韓信
> 전한 초기의 명장. 유방을 도와 항우를 멸망시키고 한나라를 세우는데 혁혁한 공을 세웠다.

백기白起
전국시대 진秦나라의 명장. 한나라와 위나라의 연합군과 전투를 벌여 승리를 거두고 포로 24만 명을 몰살시켰던 비정한 장수.

손무孫武
춘추시대 오吳나라의 명장이자 병법가. 당시 강대국인 초나라를 정벌하는데 앞장섰으며, 손빈의 후손으로 《손자병법》의 저자임.

주아부周亞夫
전한 초기의 명장. 주발의 아들. 한나라 문제 때에 흉노족의 침입을 막았고 군령을 엄하게 지켰다.

29. 애사哀死 ... 죽음을 애도함

 옛날에 뛰어난 장수는 병사를 자기 친자식처럼 보살폈다. 환란이 생기면 몸소 앞장서고, 공로가 있으면 자신을 맨 뒤로 돌렸다. 병사가 부상을 당하면 울면서 어루만져주고, 병사가 죽으면 애통해 하면서 장례를 지내주었다. 병사가 굶주리면 자신의 음식을 주었고, 병사가 추위에 떨면 자신의 옷을 벗어서 입혀주었다. 지모가 있는 자에게는 예로 대우하고 녹봉을 주었고, 용감한 자에게는 상으로 격려해 주었다. 장수가 이와 같다면 반드시 승리할 수 있을 것이다.

30. 삼빈三賓 ... 세 등급의 빈객

무릇 삼군을 움직일 때에는 반드시 빈객들이 그 득실을 논의하여 장수에게 유용한 자료로 쓰여야 한다.

언변이 청산유수 같고 지략이 기묘하여 예측할 수 없을 정도로 변화무쌍하고 박학다식하며 견문이 넓고 다재다능하여 만인이 우러러보는 사람은 상급 빈객이 될 수 있다.

용맹하기가 범이나 곰과 같고 원숭이처럼 민첩하며 철석같이 강직하며, 기민하고 예민하기가 마치 용천검龍泉劍*의 칼날 같은 사람은 한 시대의 영웅이므로 중급 빈객이 될 수 있다.

많은 말 중에 간혹 뛰어난 말을 하고 재주도 약간 있어 보이는 자는 보통 사람과 능력을 지닌 자로 하급 빈객이 될 수 있다.

용천검龍泉劍
보검의 이름으로, 날카로워 말이나 소를 베고 갑옷도 자를 수 있는 명검.

31. 후응後應 ... 다음에 대응하라

 만일 계략을 세울 때, 지극히 어려운 일을 쉽게 처리하고 또 큰일을 세밀하게 하며 먼저 동태를 살핀 후에 움직이고 형벌을 가하지 않고 병사를 따르게 하는 것이 용병의 지모이다. 군대를 포진시키고 말을 서로 번갈아 달리게 하며 강노強弩를 쏘아대며 접전을 벌이면서 단점을 보완한다. 승세를 타면 장군의 위엄과 신의를 보여주어 적군을 위급하게 만든다. 이것이 용법의 재능이다. 몸으로 화살과 돌멩이를 맞고, 접전을 벌인 끝에 잠시 강약을 다투나 승부를 가르지 못하고 상호간에 많은 사상자만 낸다. 이것은 용법의 최하책이다.

32. 편리便利 ... 유리한 조건

무릇 초목이 **빽빽**하게 서 있으면 쉬고 숨기에 이롭고, 울창한 산림이 중첩된 곳은 기습에 이롭다. 숲 앞에 가린 것이 없으면 매복에 이롭다. 소수의 군사로 다수의 적을 공격할 때에는 저녁 무렵이 좋고, 다수의 군사로 소수의 적을 공격할 때에는 새벽이 좋다. 강궁과 장병기는 속전속결에 이롭고, 강을 사이에 두고 대치할 때에는 바람이 거세게 불고 어두워지면 적의 선두와 후미를 공격하기에 이롭다.

33. 응기應機 ... 기회 포착

무릇 필승의 전술과 합하고 변하는 형태는 시기를 잡는데 있다. 지모가 있는 사람이 아니라면 그 누가 시기를 알아차리고 이를 잘 사용할 수 있겠는가? 시기를 알고 이를 이용할 때는 뜻밖에 적의 허를 찌르는 것이 가장 좋다. 때문에 맹수가 곤경에 빠지면 동자도 창을 잡고 추격할 수 있으며, 벌이나 전갈의 독에 쏘이면 장부라고 할지라도 당황한 빛을 감추지 못한다. 화가 뜻밖에 일어나고 변화는 빠르게 일어나니 미처 예견하기 어렵다.

34. 췌능揣能 ... 쌍방의 역량 판단

옛날에 용병을 잘하는 사람은 적과 아군의 능력을 미루어 헤아려 전쟁의 승패를 예측할 수 있었다. 예를 들면 다음과 같은 쌍방의 능력을 비교한다. 즉 군주는 어느 쪽이 더 성聖스러운가? 장수가 어느 쪽이 더 현명한가? 관리는 어느 쪽이 더 유능한가? 군량은 어느 쪽이 더 풍족한가? 병사들은 어느 쪽이 잘 훈련받았는가? 진영은 어느 쪽이 더 잘 정돈되어 있는가? 군마는 어느 쪽이 더 튼튼하고 잘 달리는가? 형세는 어느 쪽이 더 험준한가? 빈객은 어느 쪽이 더 지혜로운가? 이웃 나라는 어느 쪽을 더 두려워하는가? 재정은 어느 쪽이 더 풍족한가? 백성은 어느 쪽이 더 안정되었는가? 이런 것들을 살펴보면 쌍방의 강약과 승부의 형세를 단정할 수 있다.

35. 경전輕戰 ... 기꺼이 싸우다

독충을 건드리면 독침을 쏘고 병사들이 용감해지는 것은 무기를 믿기 때문이다. 그러므로 무기가 예리하고 갑옷이 견고하면 병사들이 기꺼이 싸운다. 갑옷이 견고하지 못하면 맨몸으로 싸우는 것과 같고, 화살을 명중시키지 못하면 화살이 없는 것과 같으며, 명중시켜도 적에게 피해를 주지 못하면 화살촉이 없는 것과 같다. 척후병이 정찰을 제대로 못 하면 눈이 없는 것과 같고, 장수가 용감하지 못하면 장수가 없는 것과 같다.

36. 지세地勢 ... 지리적인 우세

무릇 지세는 전쟁에 크게 보탬이 되는 것으로 전쟁터의 지세를 모르고 승리하는 자는 있지 않다. 산림, 땅이 높은 곳과 언덕 및 큰 하천이 있는 것은 보병을 쓰기에 적합한 땅이다. 고원지대의 평원과 산이 협소하게 연이어 있는 곳은 기병을 쓰기에 적합한 땅이다. 산을 등지고 강이 가까우며 높은 나무와 깊은 계곡이 있는 곳은 활과 노弩(여러 개의 화살이나 돌을 잇달아 쏠 수 있는 큰 활)를 쓰기에 적합한 땅이다. 수풀이 낮게 자란 평지는 전진과 후퇴가 자유로우므로 긴 극戟(자루 끝에 날카로운 날로 된 창끝을 가진 것이 특징)을 쓰기에 적합한 땅이다. 갈대밭이나 대나무가 빽빽이 들어선 곳은 창을 쓰기에 적합한 땅이다.

37. 정세情勢 ... 정세를 이용해라

무릇 장수 중에는 용감하여 죽음을 가볍게 여기는 자가 있고, 성격이 급하여 무엇이든 신속하게 끝내려는 자가 있으며 재물을 탐하여 이득을 보려는 자가 있다. 또 마음이 어질어서 차마 잔인하게 하지 못하는 자가 있고, 지략이 있으나 내심 겁이 많은 자가 있으며, 책략은 있으나 정세에 느린 자가 있다. 이 때문에 용감하여 죽음을 가볍게 여기는 자는 격분하게 만들고, 성격이 급하여 무엇이든 신속하게 끝내려는 자에게는 지구전을 펼치며, 재물을 탐하여 이득을 보려는 자에게는 뇌물을 주면 된다. 또 마음이 어질어 차마 잔인하게 못 하는 자에게는 피로하게 만들고, 지략은 있으나 매사 겁이 많은 자는 곤궁하게 만들고, 책략은 있으나 정세에 느린 자는 불시에 기습을 가하면 된다.

38. 격세擊勢 ... 공격의 시기

옛날에 전투에 능한 장수는 반드시 먼저 적의 정세를 살핀 후에 공격을 도모했다. 대체로 장수가 늙고 군량이 부족해지면 백성들이 근심하고 원망이 커진다. 만일 군령이 제대로 시행되지 않고, 무기가 잘 정비되어 있지 않으며, 계략이 사전에 수립되어 있지 않고, 외부의 지원이 없으며, 장수와 관리들이 사병들을 괴롭히고, 상벌이 제멋대로 주어지며, 진영이 혼란하고 싸움에 이겨 교만해져 있으면 즉각 공격해야 한다.

그러나 현명하고 유능한 자를 쓰고, 군량이 풍족하고 병장기가 견고하고 예리하게 정비되어 있으며 주변국과 화목하고 큰 나라의 원조를 받고 있는 적이 있다면 계략으로 대응해야 한다.

39. 정사整師 ... 정돈된 군대

무릇 군대가 출병하여 행군할 때에 잘 정돈되어야 승리할 수 있다. 만약 상벌이 분명하지 못하고 법령을 믿지 아니해서 징을 울려도 멈추지 않고, 북을 쳐도 진격하지 못한다면 비록 백만의 군대라고 하더라도 아무 도움이 되지 못한다. 이른바 정돈된 군대란 주둔할 때에 예법을 지키고 이동할 때에는 위세가 있어서 진격하면 막을 수 없고 후퇴하면 쫓을 수가 없다. 전후와 좌우에서 호응하여 싸워서 위기에 빠지지 않고 모두가 의기투합하여 서로 떨어지지 않는다. 이러한 군대는 용병을 잘하며 지치지도 않는다.

40. 여사勵士 ... 사기를 독려함

   무릇 용병用兵의 도道로, 작위로 존귀하게 만들어주고 재물을 풍족하게 준다면 용사가 제 발로 찾아오지 않을 자가 없을 것이다. 예의로 접대하고 신의로 격려한다면 용사는 필사적으로 싸우지 않을 수가 없을 것이다. 은혜를 베푸는 것을 게을리하지 않고 법령을 일관되게 집행한다면 병사들은 복종하지 않을 수가 없다. 먼저 솔선수범을 보이면서 따르라고 한다면 병사들은 용맹하지 않을 수 없을 것이다. 선한 일을 행하면 아무리 작은 것이라도 기록하고 작은 공을 세워도 반드시 상을 준다면 병사들에게 억지로 공을 세우라고 권하지 않아도 될 것이다.

41. 자면自勉 ... 스스로 힘써라

성인聖人은 하늘을 법칙으로 삼고, 현인賢人은 땅을 법칙으로 삼으며, 지자智者는 옛것을 법칙으로 삼는다. 교만한 자는 남의 훼방을 받게 되고 망령된 자는 화를 불러일으킨다. 말이 많은 자는 신의가 적고, 자신만을 위하는 자는 은혜를 적게 받을 것이며, 공이 없는 자에게 상을 주는 자는 떠나갈 것이고, 죄 없는 사람을 벌하는 자는 원망을 받을 것이며, 기뻐하고 성내는 것이 타당하지 못한 자는 멸망할 것이다.

42. 전도戰道 ... 전투 방법

숲 속에서의 전투는 대낮에는 깃발을 넓게 세우고 야밤에는 징과 북을 많이 친다. 짧은 병기를 쓰며 교묘하게 매복을 하거나 전면 혹은 배후에서 적을 공격한다.

관목이 우거진 곳에서의 전투는 칼과 방패를 사용한다. 장수가 적과 싸우려면 먼저 적의 행군 노선을 정확하게 파악한 후에 십 리마다 언덕을 쌓고 오 리마다 흙을 쌓으며, 깃발을 거두고 북과 징만 요란하게 울려서 적이 손발은 있으나 쓸 수 없게 만들어 꼼짝 못 하게 한다.

계곡에서의 전투는 교묘하게 복병을 배치하고 용감하게 싸워야 한다. 발 빠른 병사는 높은 능선에 오르게 하고 죽기를 각오한 병사는 후방에 배치한다. 강노로 적을 공격한 후 짧은 병기로 육박전을 벌여 적이 앞으로 나오지 못하게 만들고 아군은 후퇴하지 못하게 한다.

수전에서는 전선戰船이 중요하다. 먼저 잘 훈련된 병사들을 전선에 태우고, 깃발을 넓게 펴서 적들을 현혹시킨다. 활과 노를 쏘면서 짧은 병기로 무장한 병사들로 하여금 전선을 보위하게 하며 동시에 견고한 목책을 쳐서 방어하고 물길을 따라 공격해야 한다.

야밤 전투에서는 기밀이 중요하다. 군사들을 매복시켰다 불시에 공격해야 한다. 횃불을 많이 동원하고 북을 울려 적들의 이목을 어지럽힌 후에 질주하듯이 공격을 가하면 승리할 수 있다.

43. 화인 和人 ... 인화

무릇 용병의 도道는 병사들이 화합하는데 달려 있다. 병사들이 화합하면 권하지 않아도 병사들은 스스로 알아서 싸운다. 그러나 만일 장수와 관리들이 서로 시기하고, 병사들이 명령에 승복하지 않으며, 충성스럽고 지모가 있는 자를 등용하지 않고, 여러 부하들이 뒤에서 훼방을 하며, 참언과 사특한 생각이 서로 끊이지 않고 일어날 경우에는 설령 탕왕과 무왕의 지혜가 있다고 할지라도 필부 한 명도 이기지 못할 것이다. 하물며 다수의 적군이야 더 말할 필요가 없다.

44. 찰정察情 ... 정황을 살피라

  대체로 병사를 일으켰는데, 적이 조용하면 험한 지세를 믿고 있기 때문이다. 적이 다그치듯이 도전하는 것은 아군이 공격하기를 유도하는 것이다. 바람이 없는데 뭇 나무가 흔들리면 전차가 오는 것이고, 흙먼지가 낮고 넓게 일어나는 것은 보병이 오는 것이다. 적들의 언사가 강경하고, 곧 공격을 감행하겠다고 허풍을 치는 것은 후퇴하려는 것이고, 진격했다가 물러서는 것은 아군을 유혹시키려는 것이다. 적들이 지팡이를 짚고 행군하는 것은 굶주렸다는 것이고, 이득이 있어도 진격하지 않는 것은 피로하다는 것이다. 적의 진영에 새들이 모여 있으면 아무도 없다는 것이고, 야밤에 큰 소리가 나는 것은 두려움에 떨고 있다는 것이다.

  적의 군중이 소란스러운 것은 장수가 진중하지 못하다는 것이고, 깃발이 흔들리는 것은 내부가 어지럽다는 것이다. 관리가 쉽게 격노하는 것은 지쳐 있다는 것이고, 상을 자주 주는 것은 처지가 군색하다는 것이다. 벌을 자주 주는 것은 곤궁하다는 것이고, 사신을 보내와 사죄를 하는 것은 휴식하고 싶다는 것이다. 많은 선물 공세를 하며 감언이설로 달래는 것은 유혹하는 것이다.

45. 將情 ... 장수의 정

무릇 장수의 도리는 군중에서 아직 우물을 파기 전에 먼저 갈증이 난다고 말을 하지 말고, 군중에서 아직 밥을 다 짓기 전에 먼저 배고프다는 말을 하지 말며, 군중에서 아직 불을 피우기 전에 춥다는 말을 하지 말아야 한다. 또 군중에서 아직 천막을 치기 전에 피곤하다는 말을 하지 말고, 여름에 무더워도 부채질 하지 않고, 겨울에 추워도 가죽옷을 입지 않으며, 비가 올 때에는 우산을 쓰지 말고 여러 병사들과 더불어 해야 한다.

46. 위령威令 ... 법령의 위엄

 무릇 대장 한 사람이 백만 군사들로 하여금 어깨를 움츠려 숨을 죽이고, 두 발을 한데 모으고 고개를 다소곳이 수그려 명을 듣고 감히 우러러 쳐다보지 못하게 하는 것은 법령으로 그들을 통제하기 때문에 그런 것이다. 만일 위에서 형벌을 실시하지 않고, 아래에서 예를 지키지 않는다면 설사 천하에서 가장 귀하고, 사해四海의 부를 다 갖고 있다 하더라도 걸왕桀王과 주왕紂王* 같은 부류가 될 것이다. 하지만 필부라도 법령과 형벌로 상벌을 주고, 사람들이 거역하지 못하게 만든다면 손무와 양저穰苴* 같은 부류가 될 것이다. 때문에 법령은 경시할 수 없고 위세는 통하지 않는다.

걸왕桀王과 주왕紂王
걸왕은 하나라의 마지막 임금이고 주왕은 은나라의 마지막 임금으로 모두 포악무도한 폭군으로 알려짐.

양저穰苴
춘추시대 제나라의 장수. 제나라 경공 때에 진晉과 연燕나라의 군대를 물리치고 일찍이 빼앗겼던 땅을 수복했다.

47. 동이東夷 ... 동방 민족

동이東夷는 예禮가 얕고 의義가 작고, 성격이 사납고 급하며 싸움에 능하다. 산과 바다를 끼고 살며 천연적인 험준함에 의지하여 굳게 지키며, 상하가 화목하여 백성들이 안락하니 감히 공격할 수가 없다. 만일 상하 간에 분란이 일어나 서로 이간시키면 틈이 생긴다. 이간시켜 틈이 생기면 은혜를 베푸는 척하면서 강한 군대로 공격할 수가 있다. 그러면 반드시 이길 수 있다.

48. 남만南蠻 ... 남방 민족

남만은 종족이 많아서 성품을 교화시킬 수 없다. 이득이 있으면 연합하여 작당하고 뜻대로 되지 않으면 서로 공격한다. 동굴에서 살며 산에 의지하는데, 혹은 모였다가 다시 흩어지길 반복한다. 서쪽으로는 곤륜산, 동쪽으로는 바다에 이르며 그곳에선 진귀한 물건들이 생산되기 때문에 사람들이 이득을 탐하고 싸움에서는 용맹하다. 봄과 여름에는 전염병이 유행하니 빠른 시간 내에 결승을 내는 것이 이롭고 군사들을 그곳에서 오랜 기간 동안 주둔시켜서는 안 된다.

49. 서융西戎 ... 서방 민족

서융의 성품은 용감하며 이익을 좋아한다. 성 안에서 살기도 하고 들판에서 살기도 한다. 곡식은 적지만 재물이 많다. 용감하게 싸우므로 싸워서 이기기 어렵다. 적석산 서쪽에는 여러 융족이 번영하고 있는데, 땅이 넓고 지세가 험하고 사람들이 강인하다. 때문에 사람들 중에 신하를 자처하지 않는 자가 많고 외부에 틈이 생기고, 내부의 난이 일어나기를 기다린다면 격파할 수 있다.

50. 북적北狄 ... 북방 민족

북적은 성곽이 없는 곳에서 살며 물과 풀밭을 좇아 이동하다가 형세가 유리하면 남쪽을 침입하고 형세가 불리하면 북쪽으로 달아나 숨어버린다. 큰 산맥과 광활한 자갈밭과 사막이 그들을 보호해 준다. 배가 고프면 짐승을 잡아 젖을 마시고 추워지면 가죽을 덮고 가죽옷을 입고 분주하게 사냥을 다니며 죽이는 것을 업으로 삼으니, 도덕으로 회유할 수 없고 군대를 동원하여 무력으로도 정복하기 어렵다.

한족은 그들과 싸우지 않으니 그 이유는 대개 세 가지이다.

한나라 군대는 한편으로 농사도 짓고 또 한편으로 전투도 하니 쉽게 지쳐 있고 겁이 많다. 그러나 북적은 목축과 사냥을 하면서 자유분방하게 사니 용감하다. 지친 사람들과 자유분방한 사람들이 싸우고, 겁이 많은 사람들이 용감한 사람들과 싸우려 하니 당해낼 수 없는 것이다. 이것이 전쟁을 벌이지 않는 첫 번째 이유이다.

한나라 군대는 걸어서 하루에 백 리를 행군할 수 있으나 북적은 말을 타고 하루에 그 배가 되는 거리를 달릴 수 있다. 한나라 군대는 북적을 쫓을 때에 식량을 싣고 갑옷을 걸치고 뒤를 쫓는다. 그러나 북적이 한나라 군대를 쫓을 때는 빠른 말을 타고 재빨리 뒤를 쫓는다. 말에 운송하는 것과 등에 지는 것의 차이가 있으며, 두 발로 달려 쫓는 것과 말을 타고 쫓는 것의 형세가 같지 않다. 이것이 전쟁을 벌일 수 없는 두 번째 이유이다.

한나라 군대는 전투를 벌일 때에 보병이 많고 북적은 전투를 벌일 때에 기병이 많다. 유리한 지형을 쟁탈함에 있어 기병은 보병보다 훨씬 빠르며, 늦고 빠른 속도 차이와 형세가 현저하게 난다. 이것이 전쟁을 벌일 수 없는 세 번째 이유이다.

부득이 변방을 굳게 지키는 방법보다 좋은 것이 없다. 변방을 굳게 지키는 방법은 좋은 장수를 골라서 임명하고 정예병을 훈련시켜 방어하는 것이다. 군영에서 농사짓는 땅을 넓히고 내실을 기하고 봉화대를 설치하여 그들이 침입하는 것을 경계하고, 그들이 허점을 보일 때를 틈타서 가장 쇠약했을 때 공격을 가하여 취한다. 이렇게 하면 물자를 허비하지 않고도 적은 스스로 제거되고, 아군은 지치지 않고도 적은 스스로 물러나게 된다.

제3장

부록

제갈량 연표

181년(광화 4년) 1세	181년 음력 7월 23일(또 다른 설로 음력 4월 14일), 제갈량 낭야 구도(지금의 산동성 임기시 기남현)에서 탄생.
189년(중평 6년) 9세	제갈량의 생모 장씨章氏 서거.
192년(초평 3년) 12세	제갈량의 부친 제갈규諸葛珪 서거.
194년(흥평 원년) 14세	숙부 제갈현諸葛玄이 제갈량과 아우 제갈균諸葛均 및 누이를 거두어 양육하고 제갈량의 형인 제갈근諸葛瑾은 계모를 따라 강동으로 감.
195년(흥평 2년) 15세	제갈량의 숙부인 제갈현이 예장태수豫章太守로 임명받아 제갈량과 그 동생, 누이를 데리고 예장(지금의 남창)으로 부임하러 감.
197년(건안 2년) 17세	제갈현諸葛玄 병으로 사망. 제갈량과 아우, 누이가 형주의 유표劉表에게 의탁하고 남양에서 농사를 짓고 생활함.
199년(건안 4년) 19세	제갈량과 벗인 서서徐庶 등이 수경선생 사마휘에게 학문을 익힘.

206년(건안 11년) 26세	유비가 남양군 등현 융중(지금의 양양시 양성구 고융중)에 있는 제갈량을 찾아와 삼고초려三顧茅廬를 하다. 제갈량 유비를 도우러 융중에서 나오다.
207년(건안 12년) 27세	제갈량, 첫 전투에서 승리를 거둠.
208년(건안 13년) 28세	제갈량, 동오東吳에 사신으로 가서 손권에게 유비와 연합하여 조조에게 대항할 것을 설복시킴.
209년(건안 14년) 29세	제갈량, 군사중랑장으로 임명됨.
211년(건안 16년) 31세	제갈량, 관우·장비·조운과 더불어 형주를 지킴.
214년(건안 19년) 34세	제갈량, 관우에게 형주를 지키게 하고, 장비와 조운 등과 군사를 나눠 유비와 합류함. 유비, 성도成都를 공략하여 점거함. 제갈량을 군사장군 및 서좌장군부사로 임명함.
215년(건안 20년) 35세	제갈량, 파촉巴蜀의 내정을 다스림.
218년(건안 23년) 38세	제갈량, 파촉을 지키면서 한중에서 작전하는 유비에게 군수물자를 제공함.

221년(촉蜀 장무 원년) 41세	유비, 황제에 등극하고 촉한蜀漢을 세움. 제갈량, 승상丞相 및 익주목益州牧이 됨.
223년(촉 건흥 원년) 43세	유비, 오나라와의 전투에 패하여 백제성白帝城으로 물러 나와서 영안永安에서 제갈량에게 후사를 당부함. 유비가 죽고 유선이 즉위함. 제갈량을 무향후로 봉하고, 익주목으로 임명함.
224년(촉 건흥 2년) 44세	제갈량, 파촉의 내정을 조정함.
225년(촉 건흥 3년) 45세	제갈량, 군사를 거느리고 남정南征하여 남만을 평정함.
227년(촉 건흥 5년) 47세	제갈량, 《출사표》를 유선에게 올리고 한중에 주둔하면서 북벌北伐를 시작함.
228년(촉 건흥 6년) 48세	가정街亭에서 패배하여 마속을 참하고 스스로 관직을 낮추어 우장군 및 승상의 일을 대리로 수행함.
229년(촉 건흥 7년) 49세	재차 북벌하여 무도武都·음평陰平을 빼앗고 승상의 직위를 회복함.

230년(촉 건흥 8년) 50세	재차 북벌에 나섬.
231년(촉 건흥 9년) 51세	재차 북벌에 나서서 기산을 공격하여 위나라 군사를 물리치고 목문도에서 위나라의 명장인 장합을 죽임.
233년(촉 건흥 11년) 53세	사곡斜谷에서 저각邸閣을 짓고, 양식을 확보하기 위해 둔전함.
234년(촉 건흥 12년) 54세	재차 북벌에 나섬. 피곤이 누적되어 병이 됨. 이 해 8월 오장원五丈原에서 지병으로 사망함.

지혜의 샘 시리즈 ❸❻

전략의 달인 제갈량

초판 1쇄 발행 | 2012년 11월 20일
초판 2쇄 발행 | 2012년 12월 20일

엮은이 | 김영진

발행인 | 김선희 · 대 표 | 김종대
펴낸곳 | 도서출판 매월당
책임편집 | 박옥훈
디자인 | 윤정선
마케터 | 양진철

등록번호 | 388-2006-000018호
등록일 | 2005년 4월 7일
주소 | 경기도 부천시 소사구 송내동 뉴서울아파트 109동 1601호
전화 | 032-666-1130
팩스 | 032-215-1130

ISBN 978-89-91702-98-1 (03820)

· 책값은 뒤표지에 있습니다.
· 잘못된 책은 바꿔드립니다.